Spa: Beauty, Health & Design

Spa: Beauty, Health & Design

LOFT

Spa: Beauty, Health & Design

Copyright © 2007 by Loft Publications

Director editorial/Publisher:
Paco Asensio

Coordinación editorial/Editorial coordination:
Catherine Collin

Editor/Editor:
Daniela Santos Quartino

Traducción/Translation:
Verónica Fajardo

Directora de arte/Art director:
Mireia Casanovas Soley

Maquetación/Layout:
Anabel Naranjo

Fotografía de cubierta/Cover photo:
Edmund Sumner

Proyecto editorial/Editorial project:
LOFT Publications
Via Laietana, 32 4° Of. 92
08003 Barcelona, España
Tel.: 0034 932 688 088
Fax: 0034 932 687 073
e-mail: loft@loftpublications.com
www.loftpublications.com

ISBN: 978-84-95832-05-4

Impreso en China/Printed in China

Índice / Index

Europa tiene más de un motivo para creer que sus spas son especiales. Para empezar, podría reclamar para sí, con todas las de la ley, los derechos sobre el nombre "spa" –acrónimo del latín *sanitas per aqua*–, con el que se reconoce en todo el mundo esta floreciente actividad.

Desde los baños de vapor en los *hammam* de Turquía, pasando por la vinoterapia en Francia, la talasoterapia en Grecia, y hasta las termas alpinas, el continente está pautado por una red de establecimientos que se identifican con una costumbre que ha sido practicada durante siglos.

A diferencia de otras regiones del planeta, los spas europeos están íntimamente ligados a la experiencia acuática, tradición que sigue absolutamente vigente aunque renovada. Música que se escucha debajo del agua, duchas de lluvia tropical, cuevas de vapor, masajes en la piscina y "sonido líquido" se integran al nuevo paisaje de los *kur*, *thermae*, o "balnearios".

La más nueva incorporación al modelo europeo es el *fitness*. Hoy los gimnasios son parte esencial de los emprendimientos que, con una visión moderna, entienden al bienestar no sólo como una experiencia de relajación y placer, sino también como producto del ejercicio físico.

El diseño es otro de los grandes factores que distinguen los spas del viejo continente. Históricamente, los gobiernos han subsidiado las vacaciones en los balnearios como parte de sus programas de salud pública. En la actualidad, el modelo está cambiando a favor de las inversiones privadas, lo que ha obligado a una radical mejora de las prestaciones y las instalaciones. Al igual que las catedrales, los aeropuertos, o los museos, también los spas despiertan el interés de grandes arquitectos e interioristas que no dudan en dejar su huella –a veces monumental– en estos espacios de bienestar.

También los turistas que entienden el spa como un concepto global se ven atraídos por estos espacios. En este sentido, son los hoteles los que realizan las mayores inversiones en refinados centros de relajación y salud. *Golf spas*, *sky resorts*, complejos termales y *health clubs* son algunas de las nuevas opciones orientadas a un público cada vez más ávido de conjugar las aficiones con la relajación y con los deseos de escapar de la rutina diaria.

El próximo paso serán los complejos residenciales privados realizados a imagen y semejanza de los spas, sobre los que ya existen proyectos en construcción. Se tratará de comunidades integradas en torno a un estilo de vida en el cual la liberación del estrés, la alimentación saludable, la práctica de ejercicio y la regeneración del cuerpo y de la mente dejarán de ser una excepción.

Europe has more than one reason to believe its spas are special. For starters, it could righteously claim rights on the term "spa" –the Latin acronym for *sanitas per aqua*- by which this flourishing activity is known worldwide.

From steam baths in the Turkish *hammam*, passing through wine therapies in France, thalassotherapies in Greece and even Alpine thermal baths, the continent has a wide network of establishments that claim their identity based on a custom that has been followed for many centuries.

Unlike the other regions of the world, European spas are deeply linked to the water experience, a tradition that is still absolutely valid, albeit renovated. Music that can be heard underwater, tropical rain showers, steam caves, massages in the pool and "liquid sound" are all integrated into the new landscape of the *kur*, *thermae* or "spa".

The most recent incorporation to the European model is fitness. Nowadays, gyms are an essential part of the endeavors that, with a modern vision, conceive wellbeing not only as a pleasant and relaxing experience, but also as a product of physical activity.

Design is another great element that makes the spas of the Old Continent stand apart. For a long time now, governments have subsidized vacations at spas as part of their public health programs. Nowadays, the model is changing towards private investments, which has made it necessary to pursue a radical improvement of the facilities and the services. Just like cathedrals, airports or museums, spas awaken the interest of great architects and interior designers that do not hesitate to leave their imprint –sometimes monumental– in these spaces dedicated to comfort.

These places are also attractive for tourists who understand the idea of spa as a global concept. In this sense, hotels are the ones that make the biggest investments in refined centers dedicated to relaxation and health. Golf spas, ski resorts, thermal resorts and health clubs are some of the new options available for a public that is more and more eager to combine hobbies with relaxation and with the desire of escaping the daily routine.

The next step, and the projects already exist, will be private residential estates made in the image and likeness of spas. These will be communities built around a lifestyle in which being stress free, eating healthy, doing exercise and regenerating the mind and the body will be the rule, not the exception.

Spas en el campo

Country Spas

Spa at the Hotel Marqués de Riscal I Rioja Alavesa, Spain

Caudalie

Photos © The Luxury Collection. Adrian Tyler, Rodolphe Cellier

Cuando Marqués de Riscal, una de las más antiguas y exclusivas bodegas de La Rioja, se propuso crear una ciudad del vino, quiso demostrar que, además de los evidentes placeres experimentados al saborear esta bebida, la uva tiene beneficiosos efectos sobre la belleza y el bienestar.

Entonces convocó a Caudalie, la firma francesa especialista en vinoterapia, para instalar un spa con programas que conjugan los beneficios de las aguas termales ricas en minerales con los extractos de la uva y el vino. Los tratamientos incluyen programas relajantes, de adelgazamiento, vigorizantes, reafirmantes antiestrés y antiedad, para los que además de las esencias de la vid se utilizan otros ingredientes naturales como el azúcar moreno, la miel y los aceites esenciales.

El spa se conecta al hotel de The Luxury Collection, construido por Frank Gehry, a través de una pasarela volada. Cuenta con una piscina cubierta, baño turco, baños en barrica, *jacuzzi*, ducha vigorizante, zona *fitness*, y 14 cabinas de tratamientos de belleza.

Como un vino joven y fresco, el rojo intenso domina el interior (de líneas minimalistas) del spa, el cual posee vistas a los viñedos circundantes, que se reflejan sobre las cintas de titanio que conforman el techo del hotel lindante.

When Marqués de Riscal, one of the most antique and exclusive wineries of La Rioja, decided to create a city of wine it meant to prove that, aside from the obvious pleasures derived from the taste of this drink, grapes have beneficial effects on beauty and wellbeing.

They called Caudalie, the French firm that specializes in wine therapy, to build a spa with programs that combine the benefits of thermal waters rich in minerals, with the extracts of grape and wine. Treatments include programs for relaxation, weight loss, invigoration, reaffirmation, anti-stress and anti-age, for which they use the essences of vines and other natural ingredients like brown sugar, honey and essential oils.

The spa is connected to the hotel of The Luxury Collection, built by Frank Gehry, through a suspended footbridge. It has an indoor pool, Turkish bath, cask baths, Jacuzzi, invigorating shower, fitness area and 14 cabins for beauty treatments.

Like a young, fresh wine, an intense red color dominates the inside of the spa (with minimalist lines). It has views on the surrounding vineyards reflected on the Titanium bands that make the roof of the adjoining hotel.

www.marquesderiscal.com

El spa ofrece tratamientos de vinoterapia en un anexo del edificio construido por Frank Gehry.

The spa offers wine therapy treatments in an annex of the building constructed by Frank Gehry.

El spa cuenta con una fórmula patentada de extracción de moléculas de la pepita de la uva, las cuales presentan un alto poder regenerador y antioxidante.

The spa has a patented formula for extracting molecules from the grape pit showing high regenerative and anti-oxidant powers.

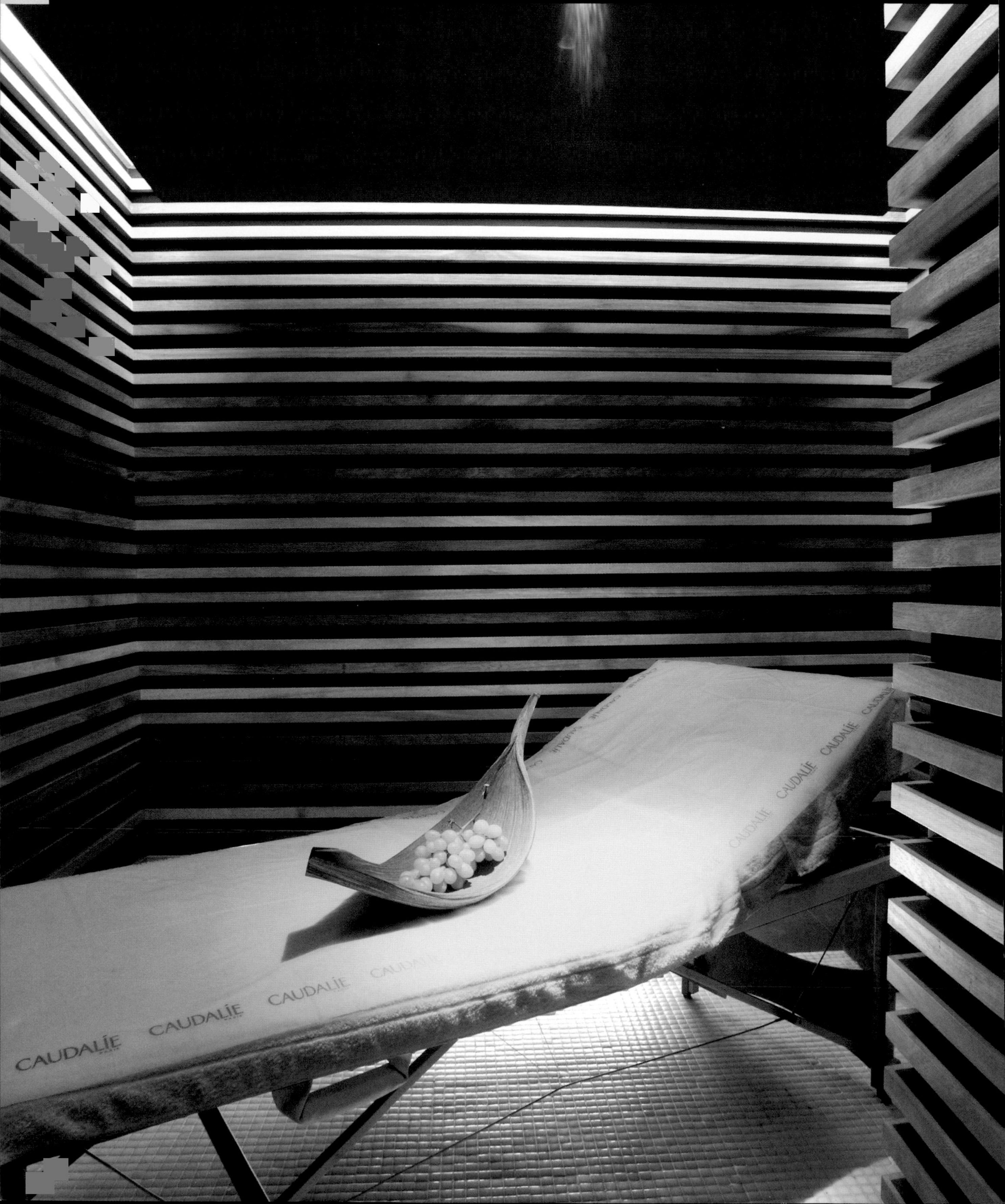
CAUDALIE
CAUDALIE
CAUDALIE
CAUDALIE
CAUDALIE
CAUDALIE

Los tratamientos de belleza y programas de masaje se ofrecen en cabinas que se suman al circuito de los baños turcos, los baños en barrica, el jacuzzi, el gimnasio y las duchas vigorizantes

The beauty treatments and the massage programs are offered in cabins additional to the circuit of Turkish baths, cask baths, the Jacuzzi, the gym and the invigorating showers.

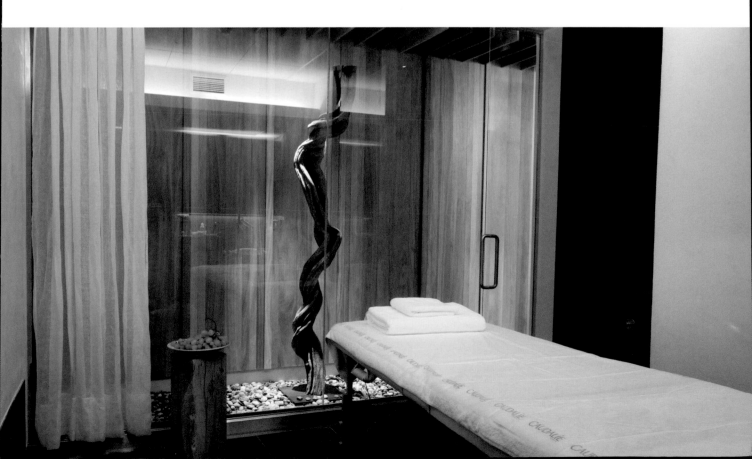

El interiorismo hace directa referencia a las vides que rodean el edificio y que forman parte de la ciudad del vino de la Bodega Marqués de Riscal

The interior design refers directly to the vines that surround the building, which are part of the city of wine of the Marqués de Riscal winery.

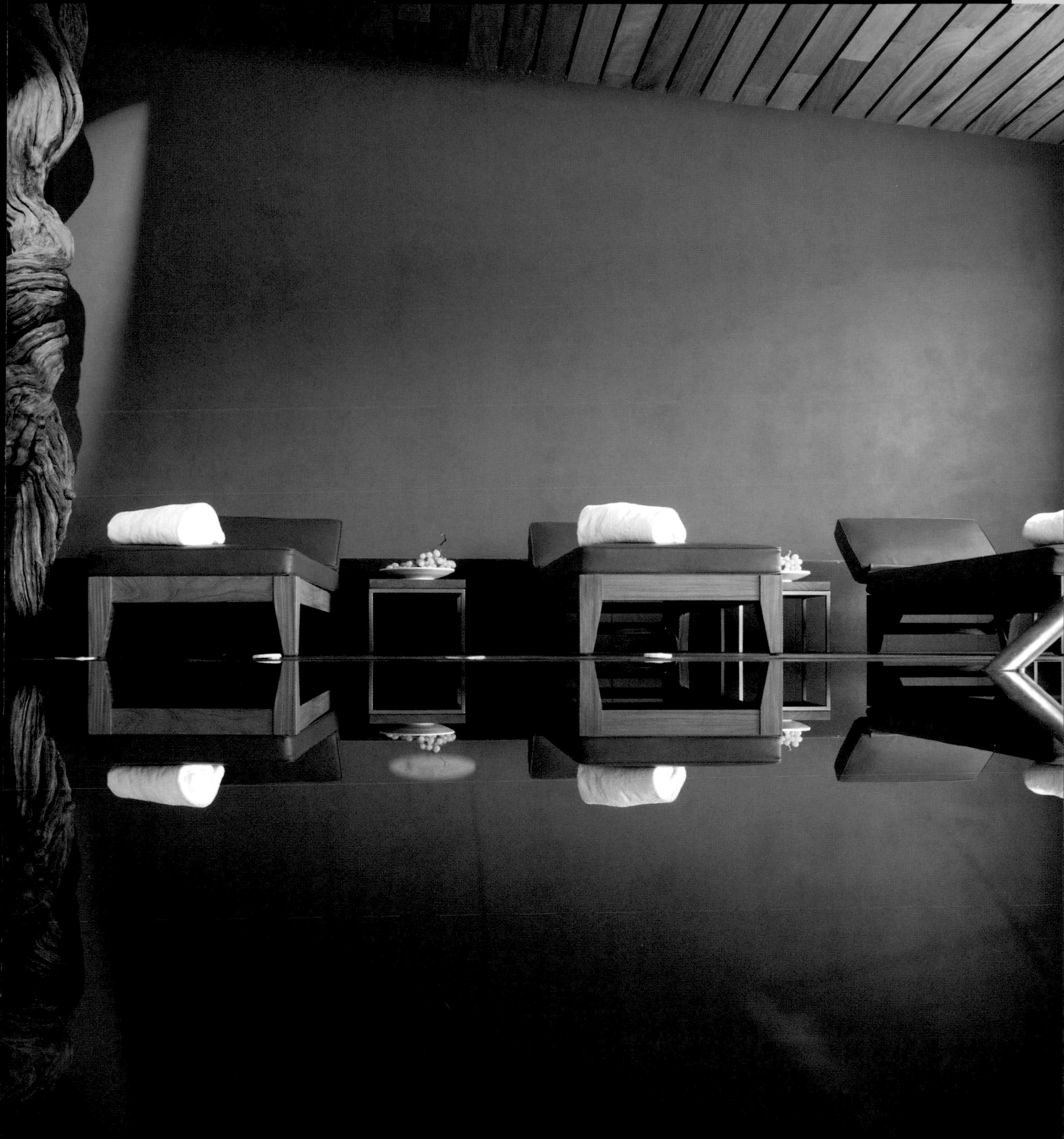

Akari Spa | Feusisberg, Switzerland

Halter Architekten | Design: Schletterer Wellness & Spa Design

Photos © Hotz & Hotz

Goethe caracterizó Suiza como una combinación de "monumentalidad y orden perfecto". Se refería así a la indomable majestuosidad de los Alpes, la pulcra disposición de las ciudades helvéticas y los pintorescos prados y frondosos bosques que hacen de este país un atractivo destino para el descanso y la renovación de energías.

El Panorama Resort & Spa, en la región central de Feusisberg da fe de las palabras del poeta alemán. Su situación con vistas al Lago de Zúrich, pone a los pies del visitante un paisaje de belleza sobrecogedora, sólo equiparable en sensaciones con el spa que aloja en su interior.

Gran parte del atractivo del Akari Spa responde al esmerado diseño interior, el cual acude a la mezcla armónica del estilo mediterráneo con el asiático y el moderno.

El espacio de 2000 m² está dividido en dos plantas. El segundo nivel, que aloja el área termal y de belleza, cuenta con saunas, baños de vapor, fuente de hielo y duchas vigorizantes. En el primer nivel se concentran las instalaciones para el *fitness* y las piscinas, entre las cuales destaca una climatizada, situada en el exterior, que parece fundirse con el paisaje circundante al extender sus límites imaginarios hacia la laguna azul.

Goethe defined Switzerland as a combination of "monumentality and perfect order". He was thus referring to the indomitable stateliness of the Alps, the neat disposition of its cities and the picturesque meadows and leafy woods that make this country an attractive destination for rest and the renovation of energies.

The Panorama Resort & Spa, in the central region of Feusisberg, gives faith of the words of the German poet. Its location with views of lake Zurich, lays a landscape of awesome beauty in front of the visitor, only equivalent to the sensations that the spa holds inside.

A great part of the attractiveness of the Akari Spa is due to the neat interior design, which resorts to the harmonious mixture of Mediterranean and Asian style together with a modern one.

The 21500 square feet space is divided in two stories. The second story, which holds the thermal and beauty areas, has saunas, steam baths, ice fountain and invigorating showers. The ground level groups the facilities for fitness and the pools among which there is a heated one, located outside, that seems to fuse with the surrounding landscape, extending its imaginary boundaries towards the blue lagoon.

www.panoramaresort.ch

El Akari Spa dispone de piscinas interiores y exteriores, saunas y salas de vapor, baños de hidromasaje, área de fitness y salón de belleza con vistas al Lago de Zúrich.

The Akari Spa has inside and outside pools, saunas and steam rooms, whirlpool baths, fitness area and a beauty parlor with views over Lake Zurich.

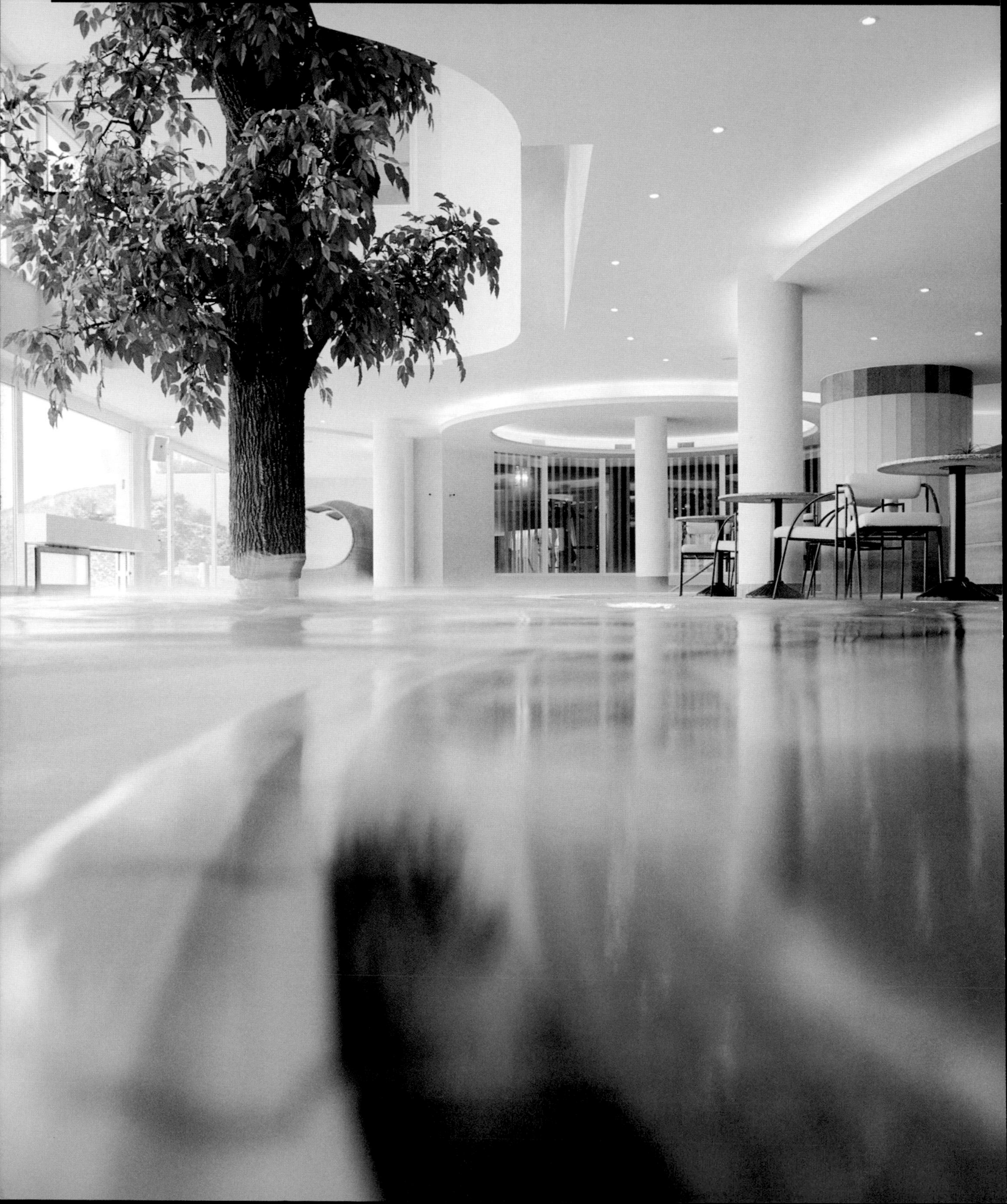

*Los interiores se caracterizan por la convergencia de
los estilos mediterráneo, asiático y moderno.*

*The interior areas are characterized by the
convergence of Mediterranean, Asian and
modern styles.*

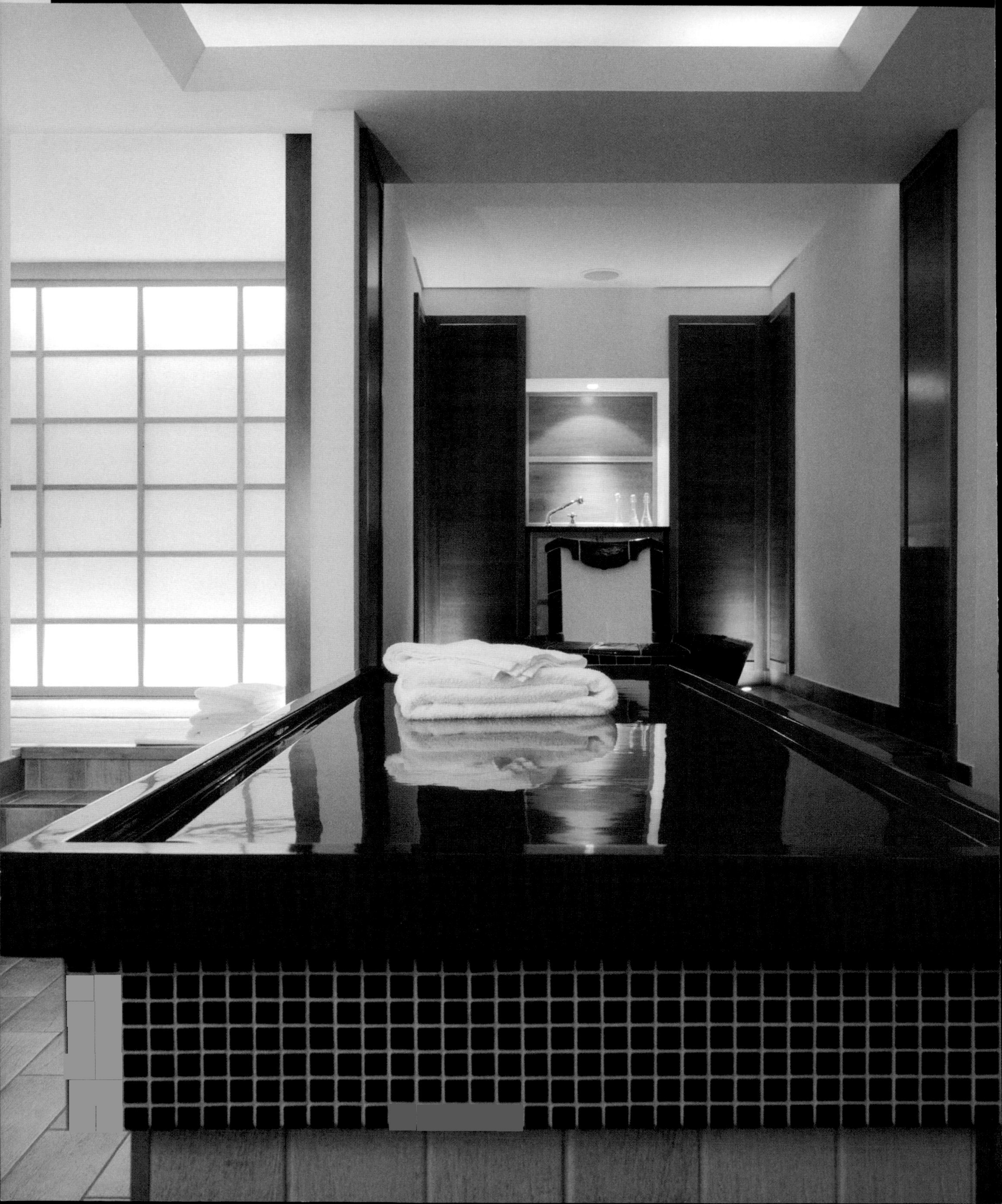

La acción conjunta de la humedad, la temperatura de 55 °C y las rocas de cristal que se encuentran en el lapidarium es efectiva para el tratamiento contra los disturbios del sueno y los dolores de cabeza.

The effect of humidity, together with the 131 °F of temperature and the crystal rocks that can be found in the lapidarium is useful for treating sleep disturbances and headaches.

La Prairie Clinic Spa | Clarens, Switzerland

Richter & Dahl Rocha Architects

Photos © Yves André

Como una nave de luz que se integra en el paisaje y baja en pendiente hacia el Lago de Ginebra, el edificio que alberga el spa y el centro de talasoterapia se ha sumado al complejo de salud y belleza que conforma la clínica La Prairie.

Este nuevo edificio comunica con las otras construcciones del sitio, como el centro médico, el castillo y la residencia. Los pacientes pueden trasladarse de unas edificaciones a otras ya sea a través de los senderos situados al aire libre como por medio de una red de galerías subterráneas.

Vista desde el exterior, la fachada del spa evoca el tradicional aspecto presentado por las viñas que, situadas en las laderas, son contenidas por muretes de piedra.

En sus tres niveles, el spa reúne la recepción y sala de admisión (con su bar luminoso), un restaurante abierto al público, un área de aguas en la que se encuentra la piscina de recreo, el *jacuzzi* y la sauna, la clínica de belleza con cabinas de tratamientos para la cara y el cuerpo, un centro de talasoterapia con un estanque terapéutico de agua salada, y un gimnasio.

Todo el edificio está bañado de una intensa luz natural que ingresa a través de las aberturas que conectan el exterior con la piscina. El restaurante y la terraza ofrecen una magnífica vista tanto del pequeño puerto de Basset y del lago como de los Alpes.

Like a warehouse of light that integrates the landscape and goes down the incline towards lake Geneva, the building that holds the spa and the thalassotherapy center has become part of the complex of health and beauty that is the La Prairie clinic.

This new building is communicated with others at the place such as the medical center, the castle and the residence. Patients can move from one to the other either by using the open air paths or through a network of underground galleries.

Seen from the outside, the spa façade evokes the traditional aspect of the vines that are located in the slopes and held by short, thick walls of stone.

In its three floors the spa holds the reception and admittance room (with a luminous bar), a restaurant that is open to the public, a wet area in which one finds the swimming pool, the Jacuzzi and the sauna, the beauty clinic with cabins that offer treatments for the face and the body, a thalassotherapy center with a therapeutic salt water pond, and a gymnasium.

The whole building is showered with intense natural light that comes in through all the openings connecting the outside with the pool. The restaurant and the terrace offer a magnificent view of the small harbor of Basset and the lake, as well as of the Alps.

www.laprairie.ch

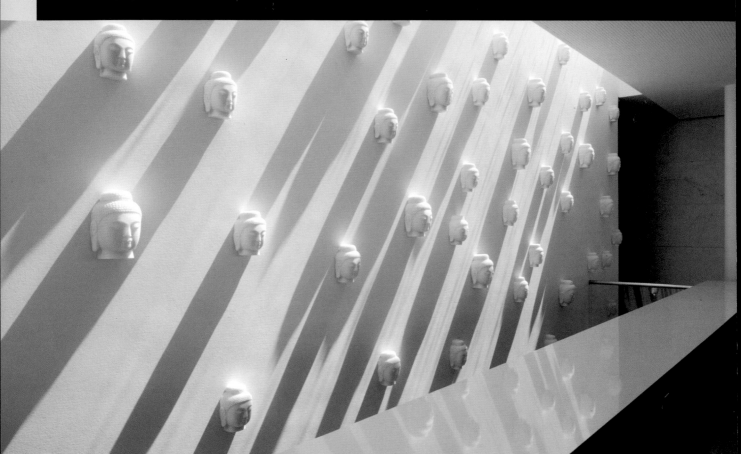

En el centro de talasoterapia, la piscina de agua salada ofrece los mismos beneficiosos efectos que tiene para la salud el agua del mar.

At the thalassotherapy center, the cold water pool offers the same beneficial effects that sea water has for health.

Las grandes aberturas, que cual chimeneas se sitúan sobre la piscina, dejan pasar la fulgurante luz natural.

The great openings located like chimneys over the pool allow the shiny natural light in.

G Spa | Galway, Ireland

Douglas Wallace Architects

Photos © G Hotel

La bandada de 250 grullas –realizadas según la técnica del origami– que planean sobre la piscina del G Spa son, de acuerdo con la tradición japonesa, un augurio de felicidad y vida longeva. Combinados con el susurro del hidromasaje, estos pájaros de papel que se ciernen a unos 7 m por encima del agua conllevan la idea de relajación a la que invita este centro de bienestar.

El spa está situado en las dos últimas plantas del espectacular G Hotel, que, ubicado en el corazón de Irlanda, es un establecimiento de cinco estrellas en el cual el *glamour* neobarroco de los interiores lleva la firma de Philip Treacy. Por el contrario, el spa, de inspiración zen, se presenta como un espacio de líneas puras y colores cálidos que transmiten sosiego. El primer piso alberga principalmente la zona de aguas, los baños de calor, el *tepidarium*, la piscina de hidromasajes, la sauna de piedra, las duchas que reproducen la niebla tropical y las fuentes de hielo. En el segundo nivel se encuentran las salas de tratamientos. Las terapias efectuadas allí se caracterizan por el uso predominante de sustancias naturales.

La espaciosa sala de relajación mira hacia el exterior a través de los grandes cristales, los cuales dejan ver un jardín japonés de bambú y piedrecillas blancas que corona la terraza del edificio.

The flock of 250 cranes –made in origami– that glide over the pool of G Spa are, according to the Japanese tradition, an omen of happiness and a long life. Combined with the whispers of the whirlpool, these paper birds that fly 23 feet over the water convey the idea of relaxation to which this center for wellbeing invites.

The spa occupies the top floors of the spectacular G Hotel placed in the heart of Ireland, a five-star location in which the neo-baroque glamour of the interiors has the signature of Philip Treacy. On the contrary, the Zen-inspired spa comes as a space of pure lines and warm colors that transmit calm. The first floor holds mainly the wet zone, the heat baths, the *tepidarium*, the whirlpool bath, the stone sauna, the showers that imitate tropical fog and the ice fountains. The second floor holds the treatment rooms, where the use of natural substances for the therapies is mandatory.

The roomy relaxation room looks outside through the large glass windows that allow one to see a Japanese garden with bamboo and white stones crowning the building terrace.

www.theghotel.ie

El interiorismo del hotel está signado por el diseñador británico Philip Treacy.

The British designer Philip Treacy designed the hotel's interiors.

Guiados por una filosofía holística, los tratamientos del spa apuntan al bienestar del cuerpo y del espíritu.

Guided by holistic philosophy, the treatments of the spa are directed towards the wellbeing of the body and the spirit.

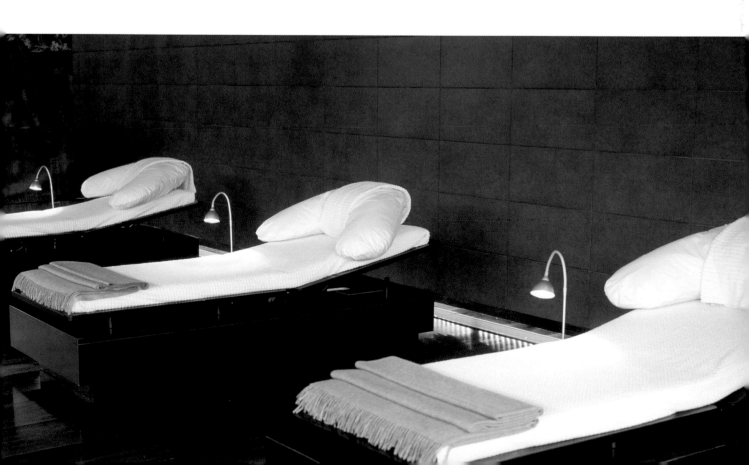

La Réserve | Geneva, Switzerland

Patrice Reynaud, Jacques Garcia

Photos © Design Hotels

Situado en el corazón de un parque de 4 ha y al borde del Lago de Ginebra, el hotel La Réserve se presenta como un viaje exótico. Elegante y distendido, confortable y moderno, en este mítico establecimiento de Ginebra se percibe una atmósfera atemporal gracias a su decoración, caracterizada por los suelos de madera, los mosaicos de mármol, los acabados de caoba y los cubrecamas de terciopelo.

Al igual que el hotel, el spa de La Réserve es elegante, soberbio y opulento a la vez. En este espacio de 2.000 m², en el que reina la serenidad, se ofrecen tratamientos personalizados, acordes con las necesidades de los huéspedes. Son famosos sus baños de leche, aceites, algas y miel, así como los masajes para adelgazar con crema de café de Brasil.

La piscina interior, de intensos reflejos violetas y azules, es el centro neurálgico del spa. Lo complementan la piscina exterior, la sauna, las salas de baños de vapor, la pista de tenis, el gimnasio y un bar con bebidas vigorizantes que completan una jornada dedicada a los ejercicios físicos y al relax.

Located in the heart of a 10 acre park, at the border of lake Geneva, hotel La Réserve presents itself as an exotic trip. Elegant and relaxed, comfortable and modern, in this mythical establishment of Geneva there is a timeless atmosphere because of the decoration, characterized by wooden floors, marble mosaics, mahogany finishes and velvet bedspreads.

Just like the hotel, the spa at La Réserve is at the same time elegant, superb and opulent. In this 21,500 square feet space where serenity rules, there are personalized treatments designed according to the needs of the guests. They are famous for their milk, oils, algae and honey baths, as well as for the massages to lose weight with Brazilian coffee cream.

The indoor pool, with deep purple and blue reflections, is the neuralgic center of the spa. It is complemented with the outside pool, the sauna, the steam baths, the tennis court, the gymnasium and a bar with invigorating drinks that complement a day dedicated to physical exercise and relax.

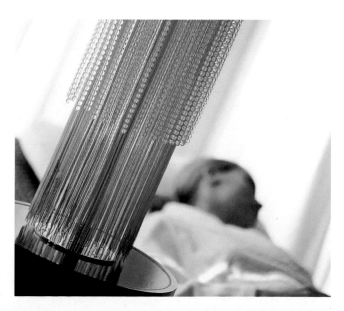

www.lareserve.ch

*Emplazado en un parque, al borde del Lago de Ginebra,
el hotel La Réserve es un remanso de serenidad.*

*Located in a park, at the border of lake Geneva, hotel
La Réserve is a peaceful backwater.*

*Las terapias incluyen baños con esencias, aceites,
algas, miel y jalea real.*

*The therapies include baths with essences, oils, algae,
honey and royal jelly.*

Maryborough Hotel and Spa | Cork, Ireland

Michele Sweeney/Oppermann Associates

Photos © Andrew Bradley

La primera impresión que se percibe al entrar en este centro *wellness* es el murmullo que producen las cañas de bambú al ser movidas suavemente por el viento, sonido que se transforma luego en notas cristalinas gracias al agua que corre por debajo de una escalera de piedra.

De efecto refrescante y sosegador, una gran cascada domina el centro del spa y recorre las paredes acristaladas que separan la zona de tratamientos de los baños de vapor y de la piscina.

Las saunas y los baños turcos, así como las cabinas de hielo, están unidas visualmente por un techo titilante que simula un cielo de estrellas, a diferencia del resto de las instalaciones, donde se ha optado por superficies limpias y luz ambiental.

La sala de relajación, completamente revestida con cristal, mira hacia un jardín de bambú y otro de luces que adquiere formas fantásticas durante la noche.

El spa forma parte del hotel Maryborough, un establecimiento que une las características de una casa de campo del sur de Irlanda y los atributos propios de la hotelería contemporánea. Los tratamientos están orientados a eliminar el estrés, la ansiedad y el cansancio, para lo cual se recurre a la combinación de técnicas antiguas y modernas, provenientes tanto de Oriente como de Occidente.

The first impression one receives upon entering this wellness center is the whisper that the bamboo canes produce as they are softly moved by the wind, a sound that then transforms into crystalline notes thanks to the water that runs underneath a stone staircase.

A great waterfall, with a soothing and refreshing effect, dominates the center of the spa and runs through the crystal walls that separate the treatment area from the steam baths and the pool.

Saunas and Turkish baths, as well as ice cabins, are visually connected by a twinkling ceiling that simulates a heaven full of stars. This differs from the rest of the facilities, where there are clean surfaces and background light.

The relaxation room, completely covered in glass, looks towards a bamboo garden and a garden full of lights that acquire fantastic shapes during the night.

The spa is part of the Maryborough hotel, an establishment that brings together the characteristics of a country house from the south of Ireland and those of the contemporaneous hotel industry. The treatments are aimed at eliminating stress, anxiety and tiredness, which requires a combination of ancient and modern techniques both from the East and the West.

www.maryborough.com

Las terapias se inspiran en técnicas de curación y relax no sólo antiguas, sino también modernas, originadas en Oriente y en Occidente.

Therapies are inspired in healing and relaxation techniques, not only ancient but also modern, originated in the East and West.

Spa Termas de Villalba | Galicia, Spain

Fadesa technical office

Photos © Jordi Escandell

Como un gran ventanal, este spa ha sido pensado para añadir al disfrute de sus propuestas de relajación el de sus vistas al privilegiado entorno natural. Los más de 2.100 m² de instalaciones orientadas al bienestar y al ocio que propone el espacio termal del Hotel Husa Spa Villalba están divididos en dos áreas. Por un lado, la termolúdica, con el club termal y el circuito termal como partes fundamentales, y, por otro lado, la zona de tratamientos.

El club termal dispone de una gran piscina con río contracorriente e hidromasaje, la cual se sitúa bajo el espectacular techo de madera y confiere a este espacio rodeado de cristaleras un aire muy acogedor. En el balcón, las camas de agua invitan a disfrutar al aire libre de las impresionantes vistas panorámicas.

El circuito termal está compuesto por las termas romanas, la sauna finlandesa, el baño turco, los tratamientos de aromaterapia y cromoterapia, el paseo de piedras calientes y las duchas de niebla.

En el área terapéutica se realizan vendajes y aplicaciones de compresas de algas, aceites esenciales y lodos, además de las duchas Vichy con masajes relajantes, ideales para eliminar el estrés y revitalizar el organismo.

Like a great window, this spa has been designed to add the privilege of visiting the natural surroundings to the enjoyment of its relaxation proposals. The more than 22,600 square feet of facilities, oriented towards wellbeing and leisure time activities proposed by the thermal space of Hotel Husa Spa Villalba, are divided in two areas. On the one hand there is the thermo-recreational area, holding the thermal club and circuit as main parts, and on the other hand there is the treatment zone.

The thermal club has a large swimming pool, with a counter-flow area and a whirlpool bath, located under the spectacular wooden ceiling that gives this glass-surrounded space a very warm atmosphere. In the balcony, the water beds invite one to enjoy the breathtaking panoramic views in open air.

The thermal circuit is composed by the Roman thermal baths, the Finnish sauna, the Turkish bath, the aromatherapy and chromotherapy treatments, the warm stones walk and the fog showers.

At the therapeutic area they do bandages and apply algae compresses, essential oils and mud, as well as Vichy showers with relaxing massages, ideal to eliminate stress and revitalize the organism.

www.tesal.com

El Charco do Alligal, el lugar donde se encuentra este
fabuloso spa, es conocido por las propiedades
termales de sus aguas.

Charco do Alligal, the place where this fabulous spa is
located, is well known because of the thermal
properties of its waters.

Los clientes vip tienen acceso, además, al "Claustro Pileta de Madera", un espacio en el que pueden gozar de los baños de pétalos, y al "Gran Claustro", donde encuentran a su disposición una bañera de cromoterapia y toda una serie de tratamientos exclusivos.

VIP customers have access also to the "Claustro Pileta de Madera" (Wooden Font Cloister), a space in which they can enjoy petal baths, and to the "Gran Claustro" (Great Cloister), where they find a bathtub with chromotherapy available for them, and a whole series of exclusive treatments.

Kohler Waters Spa | St Andrews, Fife, Scotland

Corporate Edge

Photos © Kohler Waters Spa

El Old Course de St Andrews es uno de los campos de golf más antiguos del mundo. A su terreno, de propiedad estatal, se asoman clubes y hoteles de cinco estrellas, como el que acoge al Kohler Waters Spa. El edificio del Old Course Hotel ha sido remodelado en el año 2004. Las obras mantuvieron el estilo de la casa señorial y alcanzaron al spa, que centra sus terapias en los efectos curativos y regeneradores del agua.

Las terapias, que involucran casi 100 minerales extraídos del agua de mar de las costas de Francia y Gran Bretaña, tienen como objetivo nutrir las células del cuerpo y recomponer el equilibrio alterado por el estrés y las dietas poco balanceadas.

Alrededor de la piscina –de 20 m y con una espectacular cascada– se disponen las 11 salas de tratamientos y la *suite* termal, que cuenta con una piscina de hidroterapia, otra de agua fría, una cabina de baños japoneses de vapor y sal, una sauna y las duchas. Las instalaciones se completan con las cabinas de baños de vapor con cristales, las salas de *fitness* y una azotea que posee una bañera de agua caliente con capacidad para ocho personas, desde la cual se aprecian las vistas de los *green* de golf, por un lado, y del mar del Norte, por el otro.

The Old Course at St Andrews is one of the oldest golf courses in the world. Clubs and five-star hotels, like the one holding the Kohler Waters Spa, are located near its terrains, all of them state property. The building of the Old Course Hotel was renovated in 2004. The works maintained the original style of the manor house and reached the spa that focuses its therapies on the curative and regenerative effects of water.

The therapies, involving nearly 100 minerals extracted from sea water from the French and British coasts, have the main purpose of nurturing the body cells and rebuilding its stability altered by stress and an unbalanced diet.

Around the pool –with an area of 215 square feet and a spectacular waterfall–, there are 11 treatment rooms and a thermal suite that has a whirlpool bath, a cold water pool, a cabin offering Japanese steam and salt baths, a sauna and showers. The facilities are completed with the cabins offering steam bath with crystals, the fitness rooms and a terraced roof with a hot water bathtub suitable for eight people, from which it is possible to see the golf greens on one side and the North Sea on the other.

www.oldcoursehotel.co.uk

Los tratamientos del spa están orientados a la remineralización del cuerpo a través del uso del agua de mar de las costas de Francia y Gran Bretaña.

The spa treatments are directed towards the remineralization of the body through the use of sea water from the coast of France and Great Britain.

El deck *instalado en la terraza cuenta con una bañera con capacidad para ocho personas.*

The deck at the terrace has a bathtub that fits eight people.

C-Side | Gloucestershire, United Kingdom

De Matos Storey Ryan Ltd

Photos © David Grandorge, Bill Burlington

El hotel Cowley Manor está situado en una antigua casa de campo en medio del paisaje verde y suavemente ondulado del sudoeste de Inglaterra. A diferencia de los establecimientos de este tipo, que suelen mantener su carácter tradicional, este hotel se rehabilitó respetando las formas y proporciones del edificio, pero con una estética absolutamente contemporánea.

El spa, denominado "C-Side", ha sido concebido como un espacio enmarcado dentro del paisaje, más que como un edificio. Ubicado sobre uno de los jardines, se encuentra circunscrito por una gran piscina, tres paredes y un cercado de setos. Las instalaciones, que incluyen sauna, baños de vapor, gimnasio y piscinas interiores, se encuentran en el nivel subterráneo. El estilo minimalista y las vistas de los jardines a través de los grandes cristales infunden al espacio una calma que se percibe apenas se ingresa en el recinto.

Los tratamientos de belleza, desde los faciales hasta los vendajes de todo el cuerpo, se realizan con aceites esenciales y productos especialmente diseñados para el spa por la experta de la aromaterapia Michelle Roques-O'Neil.

Cowley Manor hotel is located in an old country house in the middle of the green and wavy landscape of southwest England. Unlike other establishments of the same kind that are usually traditional in character, this hotel was renovated respecting the shapes and proportions of the building but with a completely modern esthetic.

The spa, named "C-Side", has been conceived as a space framed within the landscape more than as a building. Located in one of the gardens, it is limited by a large pool, three walls and a fence. The facilities, including sauna, steam bath, gymnasium and indoor pool, are on the underground level. The minimalist style and the views of the gardens through the great glass windows instill the space with a calm that is perceived from the moment of entering the precincts.

The beauty treatments range from facials to whole body bandages; they are done with essential oils and products that are custom designed for the spa by the aromatherapy expert Michelle Roques-O'Neil.

www.cowleymanor.co.uk

Situadas en medio de los jardines, las dos piscinas climatizadas, una interior y otra exterior, invitan a la relajación.

Located in the middle of the garden, the two heated pools, one inside one outside, invite to relax.

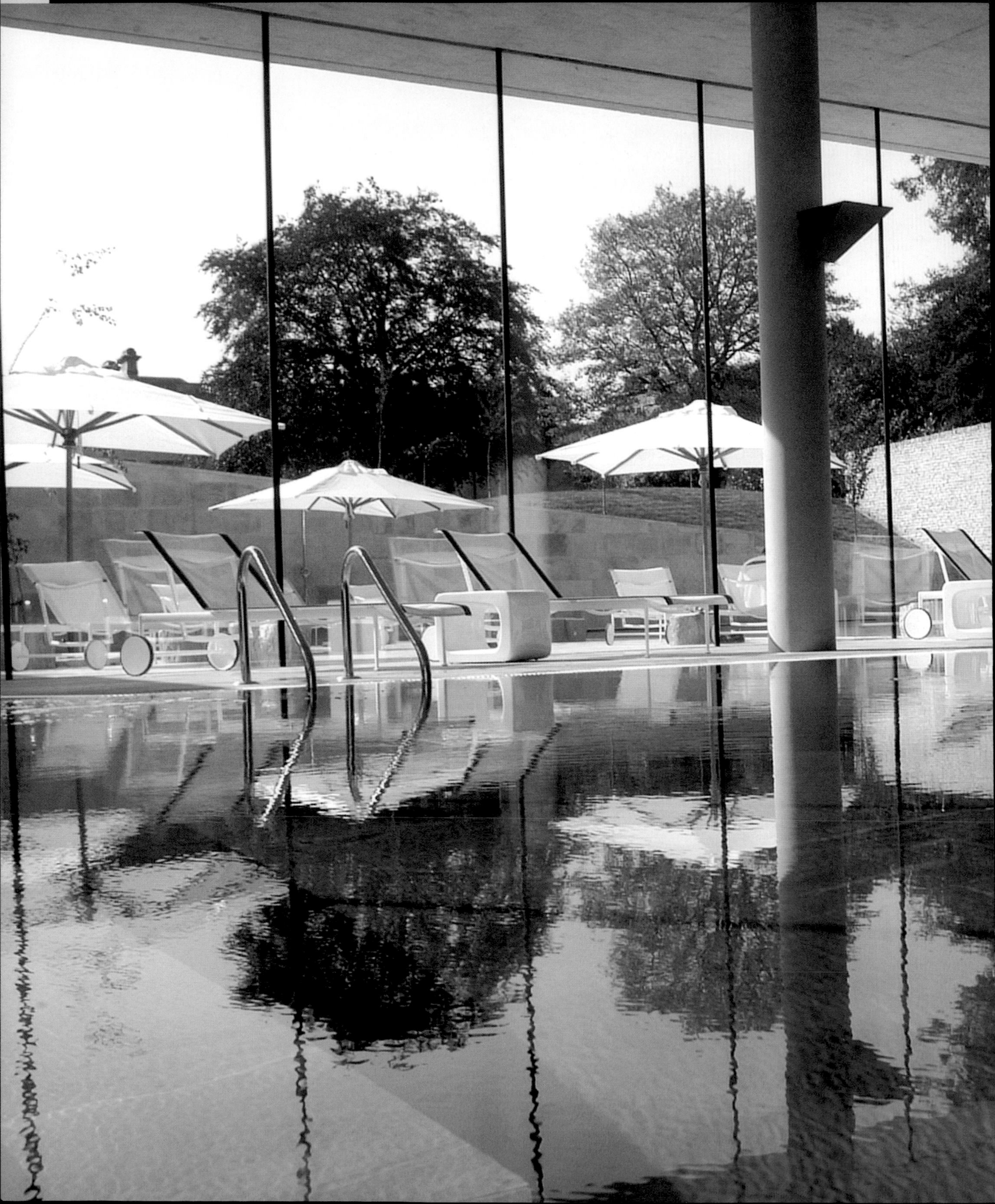

El spa forma parte del hotel Cowley Manor, una antigua casa de campo cuyo interior ha sido remodelado según un criterio estético claramente contemporáneo.

The spa is part of the Cowley Manor hotel, an old country house whose inside has been renovated with strictly contemporary esthetic criteria.

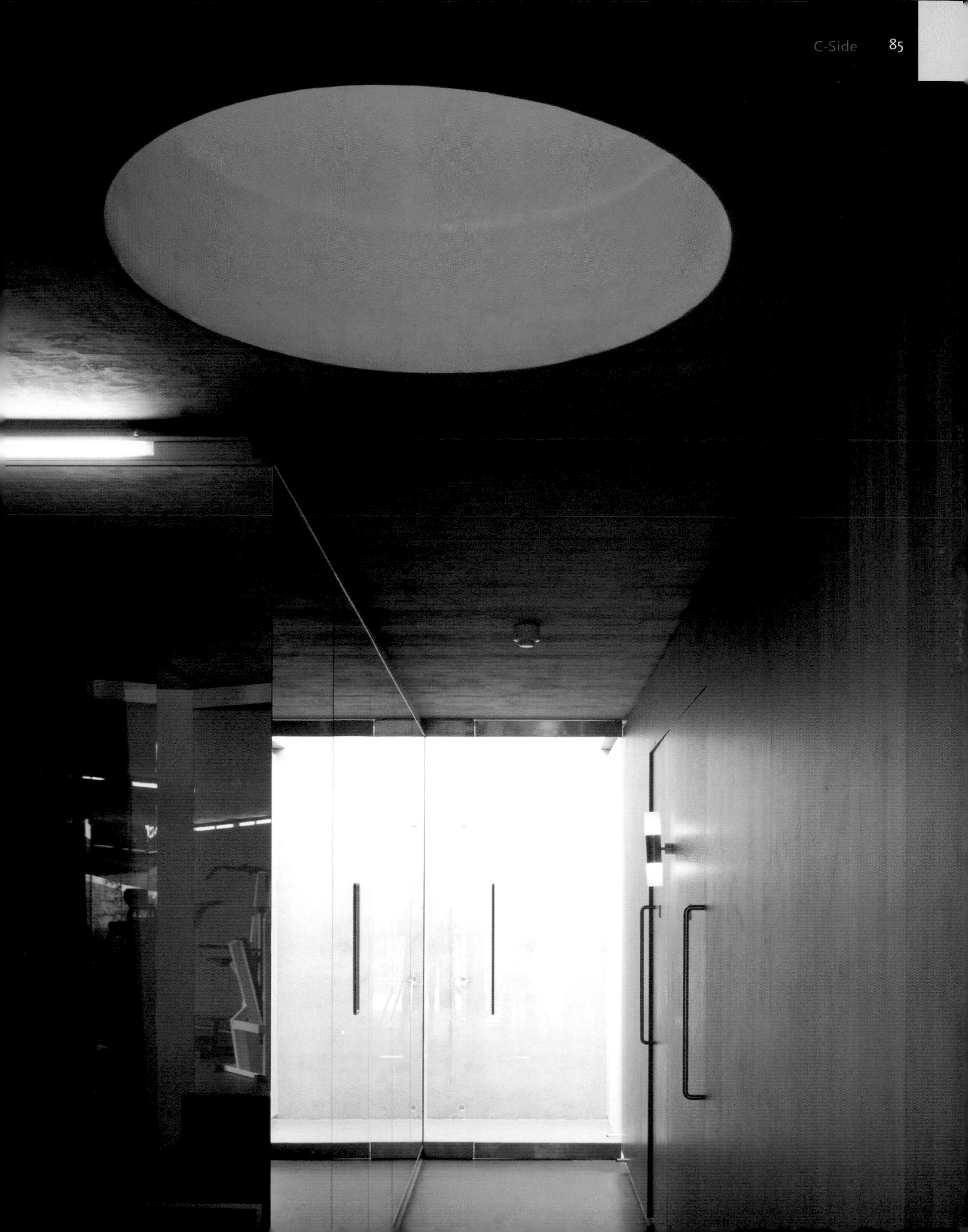

Spa at the Byblos Art Hotel I Corrubbio, Italy

Atelier Mendini

Photos © Henri Dal Olmo

Arte, diseño, moda y bienestar se conjugan en el pintoresco contexto de una villa que data del siglo XV y que ha sido remodelada por la firma de moda Byblos hasta convertirla en un refinado hotel cinco estrellas.

Concebido como una exposición permanente de arte contemporáneo, el hotel reúne en las habitaciones y en todos sus espacios comunes obras de artistas de fama internacional.

El spa, sin embargo, permanece vinculado a la estética inspirada en los baños romanos y la pintura pompeyana. Así, la piscina de hidromasaje adopta la forma elegante de los *impluvium* de las casas patricias, y los mosaicos azules y dorados que revisten el pavimento, las paredes y las camillas de relax remiten a la opulencia sin renunciar a la intimidad.

Adjuntas a este espacio central de aguas se encuentran las habitaciones que albergan el baño turco y la sauna, así como las cabinas para la hidroterapia y la fitoterapia, y otros tres ambientes en los que tienen lugar los masajes y los tratamientos estéticos.

En el nivel superior, una pequeña pero muy bien equipada zona *fitness*, decorada con un estilo rústico, tiene vistas al jardín, de donde llegan los aromas de la menta, la salvia y el tomillo.

Art, design, fashion and wellbeing come together in the picturesque context of a villa dating back to the 15th century, remodeled by the fashion firm Byblos and turned into a fine five stars hotel.

Conceived to be a permanent exhibition of contemporary art, the hotel gathers in its rooms and all common spaces works by artists of international fame.

The spa, however, remains connected to the esthetic inspired by Roman baths and Pompeian painting. Therefore, the whirlpool bath is elegantly shaped like the *impluvium* of patrician houses, and the blue and golden mosaics that cover the pavement, the walls and the relaxing stretchers appeal to opulence without giving up intimacy.

Attached to this central wet area there are rooms holding the Turkish bath and the sauna; there are also cabins with whirlpool baths and those for fitotherapy, and three other rooms where massages and esthetic treatments are done.

The upper floor, a small but very well equipped fitness area, decorated in rustic style, has views on the garden from where smells of mint, sage and thyme arrive.

www.byblosarthotel.com

La opulencia de las imágenes de las paredes está inspirada en la pintura pompeyana.

The profusion of images on the walls is inspired by Pompeian painting.

El hotel Byblos aloja obras de los más destacados artistas contemporáneos; entre ellos, Vanesa Beecroft, Begoña Montalbán, Sol LeWitt y Cindy Sherman.

Hotel Byblos holds works by the most prominent contemporary artists, among them Vanesa Beecroft, Begoña Montalbán, Sol LeWitt and Cindy Sherman.

Terme di Saturnia Spa & Golf Resort | Maremma, Italy

Studio Tecnico di Architettura Lorenzo Bellini

Photos © Alessandro Ciampi, Federico Cedrone

Lejos del estrés de las ciudades, las termas de Saturnia resumen la calma de la campiña toscana. De sus manantiales brotan aguas cálidas y sulfurosas, atesoradas en las entrañas de la tierra durante más de 3.000 años, y que desde la época del Imperio romano fluyen a un ritmo de 800 litros por segundo, a una temperatura constante de 37,5 °C.

Las cuatro piscinas termales del parque de aguas del hotel incluyen cascadas, *jacuzzis* y circuitos cardiovasculares de agua fría y caliente. Las 60 cabinas de su spa ofrecen una amplia gama de terapias que van desde masajes hasta tratamientos de belleza, curas termales y fisioterapéuticas, dietas, programas de nutrición y *fitness*.

Las termas sufrieron una profunda renovación en el año 2003. A partir de entonces, el establecimiento en su totalidad, incluido el hotel de 160 habitaciones y elegante decoración, tiene un nuevo aspecto que respeta el espíritu del antiguo y emblemático edificio de piedra travertina. Esta reforma, junto con la creación de un campo de golf, ha transformado a Saturnia en una estación turística de lujo y ha contribuido a establecer su spa, avalado por la Universidad de Milán, como un referente en materia de medicina y cosmetología.

Far from city stress, the Saturnia thermal baths summarize the calm of the Tuscan country. Warm and sulfurous waters gush from its springs, kept inside the earth for over 3,000 years flowing, since the time of the Roman Empire, at a pace of 800 liters per second and at a constant temperature of 99 °F.

The four thermal pools of the water park of the hotel include waterfalls, Jacuzzis and cardiovascular circuits of cold and hot water. The 60 spa cabins offer a wide variety of therapies that range from massages to beauty treatments, thermal and physiotherapy cures, diets, nutrition programs and fitness.

The thermal baths went through a thorough renovation in the year 2003. Since then, the whole complex, including the hotel with its 160 rooms and its fancy decoration, has a new image that respects the spirit of the old and symbolic building of travertine stone. This reformation, together with the creation of a golf course, has transformed Saturnia into a luxury tourist spot and has contributed to establish its spa, endorsed by the Milan University as a referent in the areas of medicine and cosmetology.

www.termedisaturnia.it

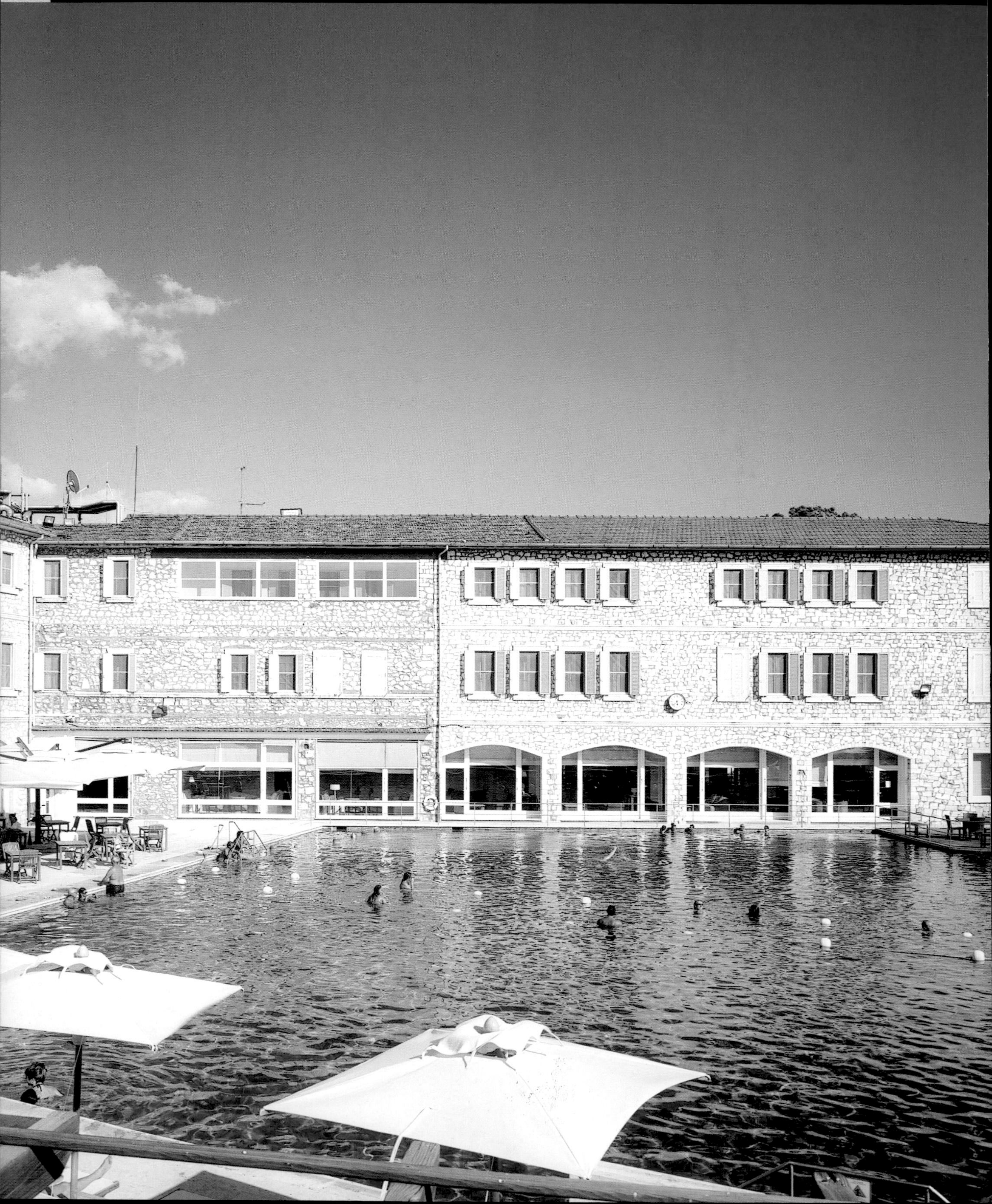

El baño romano y la sauna se conectan con la fuente termal en el parque de aguas, donde hay cuatro piscinas con jacuzzis y circuitos cardiovasculares.

The Roman bath and sauna are connected with the thermal fountain in the water park, where there are four pools with Jacuzzis and cardiovascular circuits.

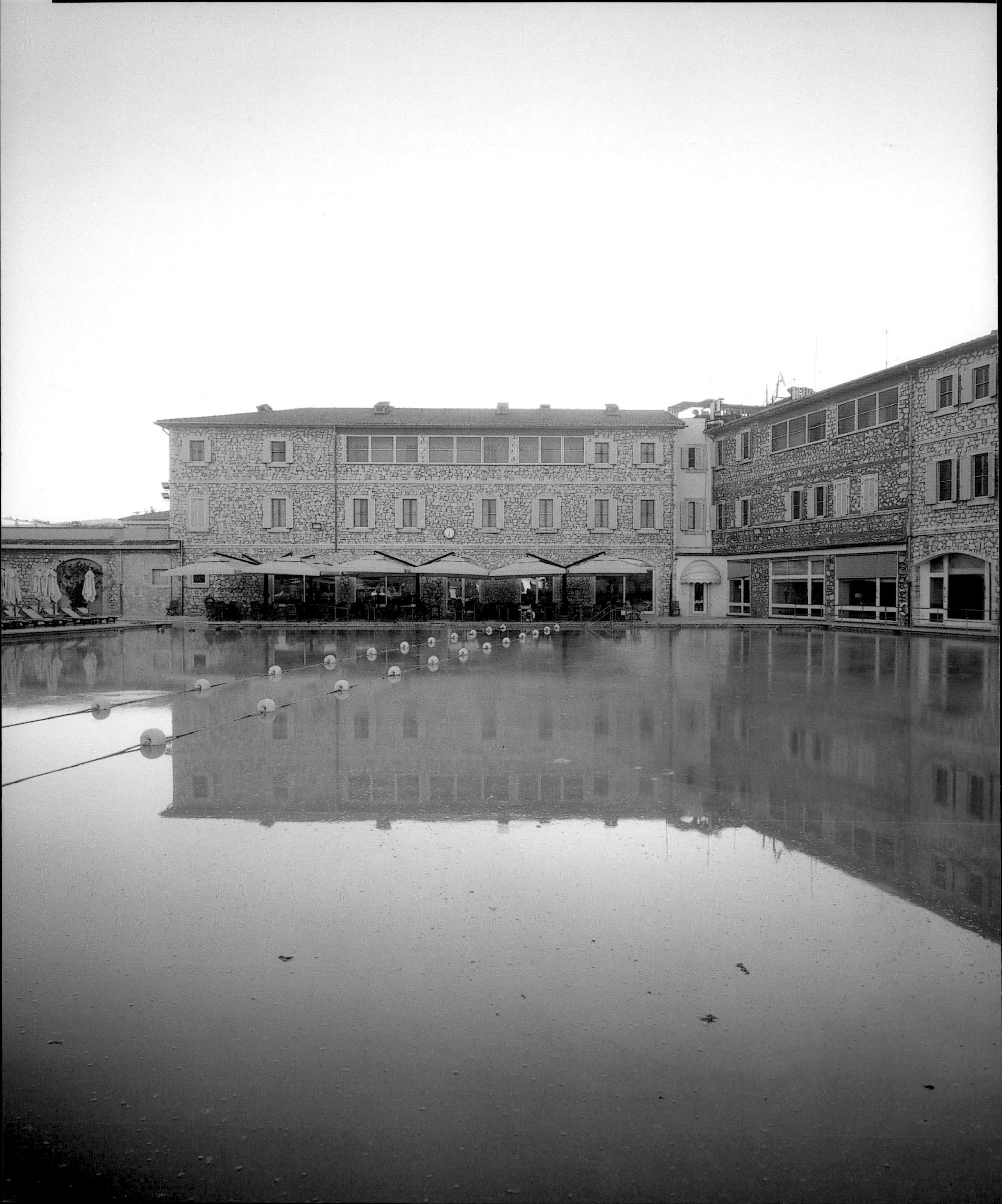

Las aguas termales fluyen a un ritmo de 800 litros por segundo, a una temperatura constante de 37,5 °C.

The thermal waters flow at a pace of 800 liters per second and at a constant temperature of 99 °F.

El complejo, totalmente renovado, incluye un
elegante hotel, el spa, las termas y un campo de golf.

The totally renovated complex includes an elegant
hotel, a spa, thermal springs and a golf course.

Balance Resort Stegersbach | Stegersbach, Austria

Archisphere Architects and Designers | Design: Schletterer Wellness & Spa Design

Photos © Andi Bruckner

Famosa por sus aguas termales y por los escenarios que se distinguen por sus suaves colinas y viñedos, Stegersbach está situada en la región austriaca de Burgenland. En ese entorno, y a sólo 40 minutos de Graz, se encuentra el Balance Resort Stegersbach, un hotel construido con líneas sinuosas y de decoración elegante.

El spa del hotel, de uso exclusivo para sus huéspedes, ha sido provisto de unas fachadas de cristal que permiten asistir al espectáculo circundante.

La abundante luz natural se cuela a través de las salas de tratamiento que miran hacia una serie de pequeños jardines, los cuales actúan como una barrera entre aquéllas y la zona en la que se encuentran la piscina climatizada y las cabinas de saunas situadas al aire libre.

El spa está dividido en dos grandes zonas, la de vapor y la de aguas. La primera abarca una amplia gama de tratamientos que va desde los vahos de hierbas hasta la sauna finlandesa, la aromaterapia, el *laconium* –espacio en el que se irradia calor seco (65 °C) a través de las paredes– y las cabinas de aqua-meditación. La segunda gran área de tratamientos está compuesta por una piscina de borde infinity que cuenta con una cascada y en la que se ofrecen masajes debajo del agua y baños de hidromasaje. Los visillos de las salas de relajación filtran la luz y guardan la intimidad, apenas interrumpida por la mansedumbre de los jardines de bambú.

Famous for its thermal waters and for the landscapes characterized by soft hills and vineyards, Stegersbach is located in the Austrian region of Burgenland. In these surroundings, and only 40 minutes away from Graz, is the Balance Resort Stegersbach, a hotel built with sinuous lines which has an elegant decoration.

The hotel spa, exclusively built for guests, has been provided with glass facades that allow the visitor to enjoy the spectacle around him.

The abundant natural light flows in through the treatment rooms that overlook a series of small gardens acting like a barrier between them and the area where the heated pool and the sauna cabin are located in the open air.

The spa is divided in two major areas: the steam zone and the water zone. The first one holds a wide variety of treatments going from herbal vapors to the Finnish sauna, aromatherapy, the *laconium* –a space where dry heat is radiated through the walls at a temperature of 150 °F– and the cabins for aqua-meditation. The second area consists of pool with infinity border, which has a waterfall and where underwater and whirlpool massages are offered. The lace curtains of the relaxation rooms filter the light and keep intimacy, barely interrupted by the peacefulness of the bamboo gardens.

www.balance-resort.at

El spa del Balance Resort Stegersbach se reabrió en 2004 tras una profunda remodelación que lo colocó en los primeros puestos del ranking austriaco.

The spa at the Balance Resort Stegersbach reopened in 2004 after a thorough renovation that put it in the first place of the Austrian ranking.

Merano Thermal Baths | Merano, Italy

Matteo Thun

Photos © Gionata Xerra

Merano ha sido tradicionalmente famosa por sus spas. En un entorno caracterizado por la tradición histórica y la arquitectura antigua, las Termas Merano han sido construidas con la mirada puesta en el futuro, bajo el concepto de una arquitectura para el bienestar físico-psicológico.

Su estructura abierta está definida por el gran parque que la rodea y que aloja 13 piscinas exteriores (entre ellas, una de natación y otra en la que se puede escuchar música debajo del agua). El gran cubo de cristal que es el edificio central de las termas deja entrever las lindantes montañas del sur del Tirol a la vez que ofrece desde dentro del recinto el espectáculo de las enormes lámparas que cuelgan sobre las 12 piscinas interiores.

Rica en minerales y con una salinidad comparable a la del mar, el agua termal de Merano proviene de una profundidad de entre 1.500 y 2.350 m y alcanza una temperatura de 31 °C. Sus propiedades beneficiosas para el organismo se refuerzan en las instalaciones del spa y centro de salud, que albergan 26 salas de tratamiento y un gimnasio de 600 m².

Pese a las grandes dimensiones de las termas, en todos los ambientes reina una sensación de calidez que responde a una cuidada selección de materiales naturales, así como a los colores que definen las diferentes áreas y a la luz indirecta que tan bien armoniza con la relajación y la privacidad.

Merano has been traditionally famous for its spas. In surroundings characterized by historical tradition and ancient architecture, Terme Merano have been built with an eye set on the future, under the concept of architecture for physical and psychological wellbeing.

Its open structure is defined by the great park that surrounds it and that holds 13 outside pools (among them one for swimming and one in which it is possible to listen to music under water). The central building is a great glass cube, through which it is possible to see the nearby mountains south of Tirol, at the same time as it allows the people outside to see the spectacular, huge lamps that hang over the 12 indoor pools.

Rich in minerals and with salinity similar to that of the sea, the thermal water at Merano comes from a depth between 4,900 and 7,700 feet and reaches a temperature of 88 °F. Its beneficial properties for the organism are reinforced in the spa and health center, which hold 26 rooms for treatment and a gym of 6,450 square feet.

Despite the large size of the thermal baths, in all the areas there is a feeling of coziness that responds to a careful selection of natural materials, as well as to the colors that define the different areas and the indirect light that harmonizes so well with relaxation and privacy.

www.termemerano.com

Los discos y esferas que cuelgan del techo rotan libremente y reflejan, de forma diferente a medida que transcurre el día, sus colores en el agua y en el cristal.

The discs and spheres that hang from the ceiling rotate freely and reflect their colors on the water and the glass, changing as the day passes.

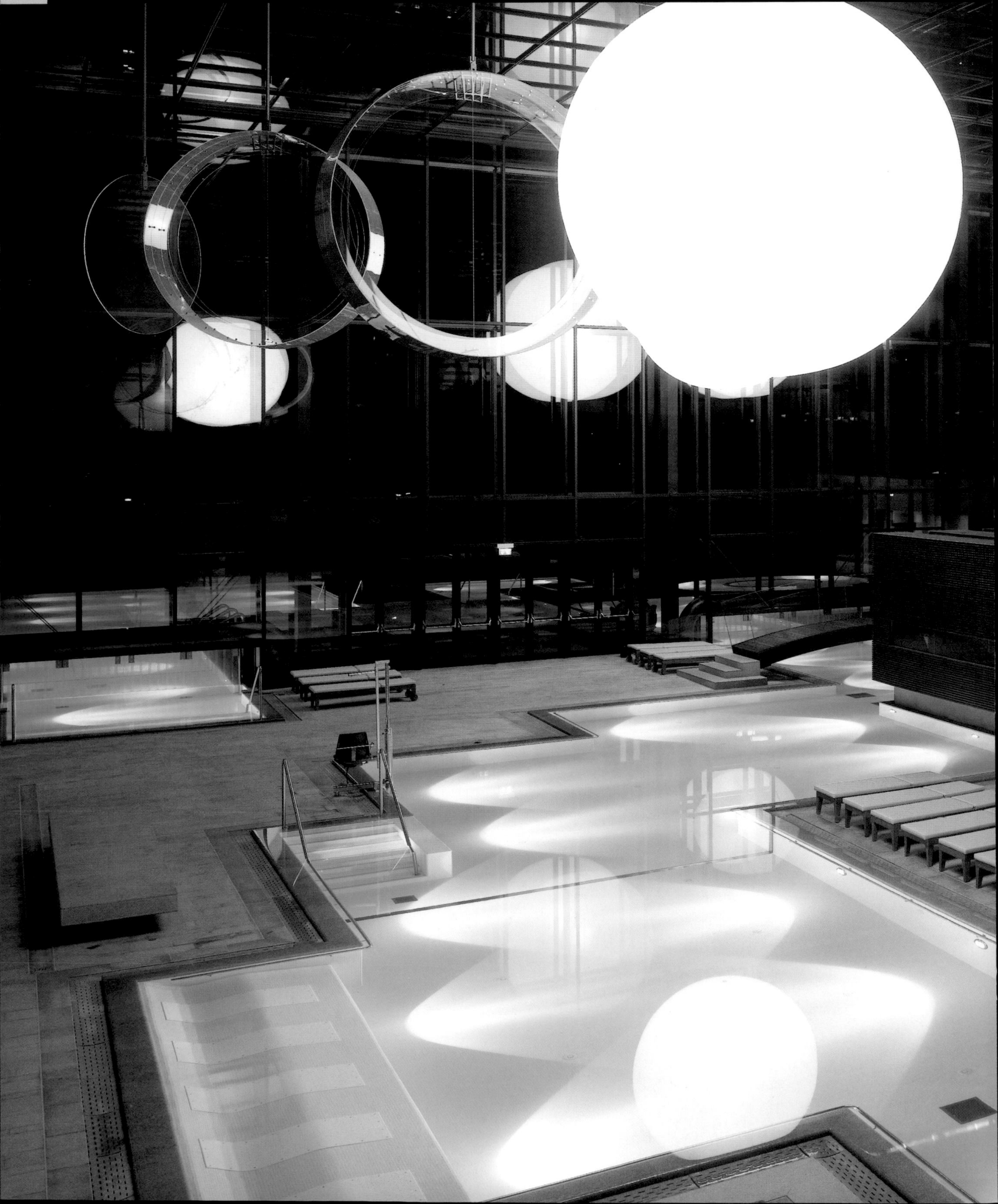

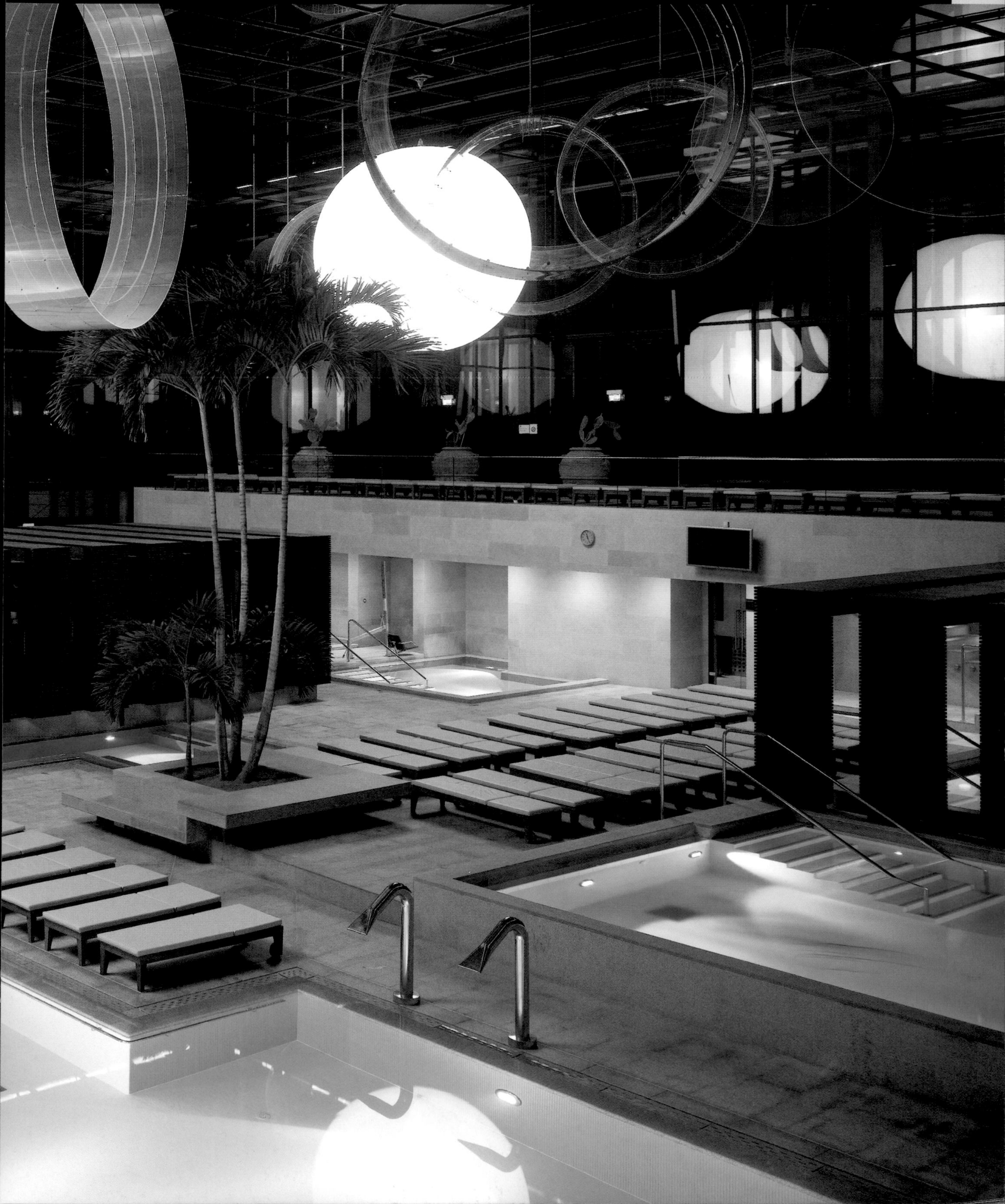

Cada una de las distintas zonas del spa tiene un color especial, acorde con el tipo de tratamiento al que está destinada; así, el verde identifica el área dedicada a la terapia, y el blanco y el plateado, los salones de belleza.

Each of the different spa areas has a special color in agreement with the treatment to which it is destined; green identifies the area dedicated to therapy and white and silver match the beauty salons.

Sámas Spa | Kenmare, Ireland

Michele Sweeney/Oppermann Associates

Photos © Sámas Spa

Los paisajes del anillo de Kerry, en la costa oeste de Irlanda, bien podrían ser escenario de las historias de hadas y gnomos que abundan en estas tierras. En ese entorno idílico, el Sámas Spa se plantea como un viaje hacia la purificación.

El recorrido se inicia con el sonido que produce el agua al caer como una cascada por una de las paredes del pasillo que une el moderno spa con el señorial edificio del Park Hotel Kenmare.

Al llegar a la recepción resulta evidente que el recinto se encuentra cobijado por un bosque infinito que se impone a través de las paredes acristaladas. Los tratamientos llevarán al visitante por suites termales, salas de relajación, espacios para la meditación, jardines con piscinas privadas, y una piscina central que parece desbordarse sobre el paisaje circundante, todo con vistas a la Bahía de Kenmare.

El uso de materiales naturales, como la madera y la piedra de la zona, las paredes de cristal que desdibujan los límites con el entorno y el tejado de césped hacen de este edificio un templo de naturaleza y relajación destinado única y exclusivamente, como su nombre en gaélico lo indica, a la complacencia de los sentidos.

The landscapes of the Ring of Kerry in the west coast of Ireland could very well be the setting for the stories of fairies and gnomes that abound in these lands. In these idyllic surroundings, the Sámas Spa is set as a journey towards purification.

The route starts with the sound that the water makes as it cascades down one of the walls of the hallway that joins the modern spa with the manorial building of Park Hotel Kenmare.

Once you get to the reception it is evident that the place is sheltered by infinite woods that prevail through the glassed walls. The treatments will take the visitor through thermal suites, relaxation rooms, spaces for meditation, gardens with private pools and a main pool that seems to overflow on the surrounding landscape, all with views of the Kenmare Bay.

The use of natural materials like wood and stone from the area, the glass walls that blur the limits with the surroundings and the grass roof turn this building into a temple of nature and relaxation destined exclusively, as its Gaelic name indicates, to please the senses.

www.samaskenmare.com

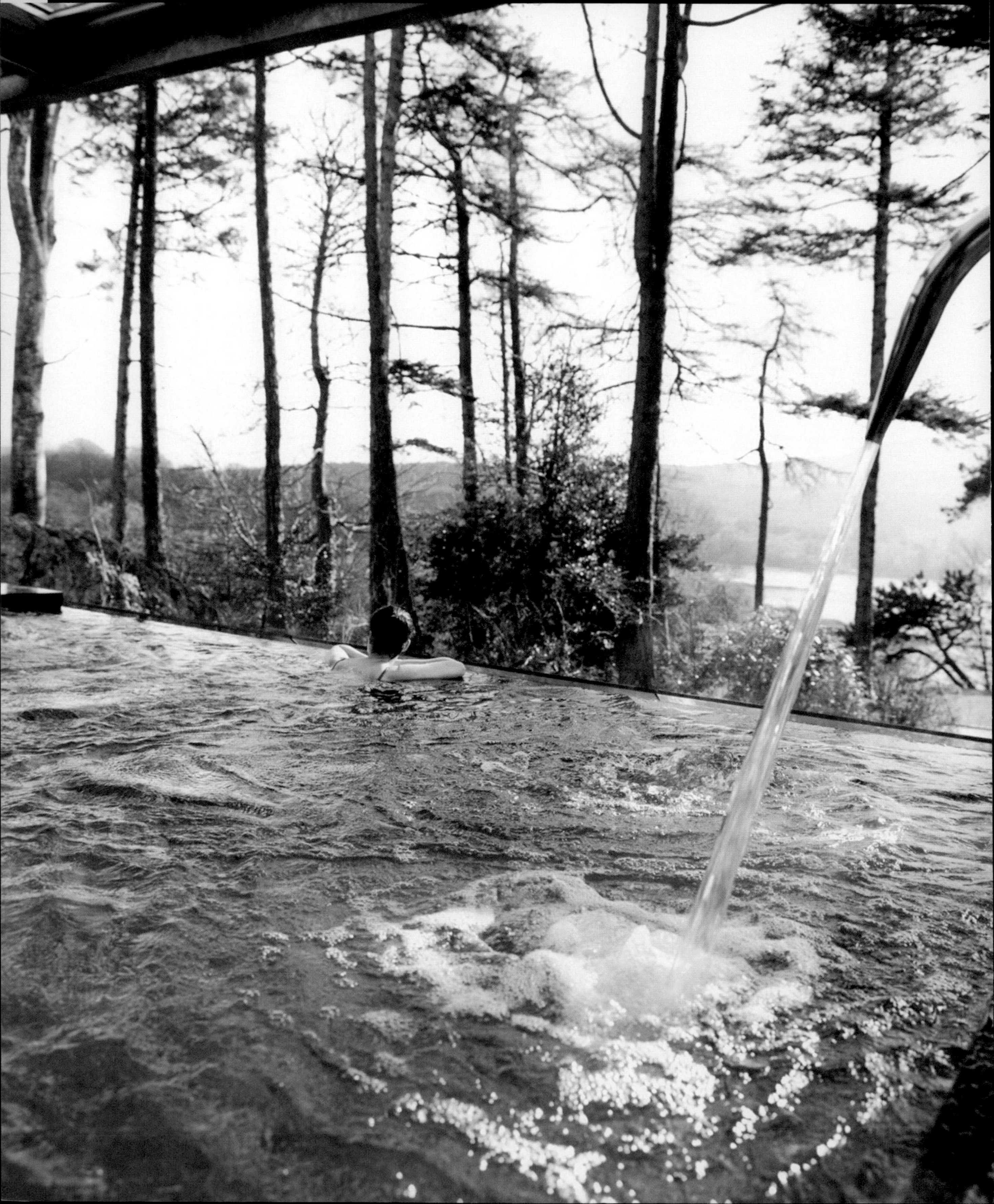

El recorrido por todas las salas de tratamiento,
la sauna, el área de relax y la piscina dura
alrededor de tres horas.

The route through all the treatment rooms, the
sauna, the relaxation area and the swimming pool
lasts about three hours.

El programa del spa se completa con actividades
como las caminatas por las montañas y las clases
de meditación a la luz de la luna.

The spa program is completed with activities such as
hikes in the mountains and meditation lessons by the
moonlight.

Blue Lagoon | Svartsengi, Iceland

VA Arkitektar

Photos © Ragnar Th. Sigurdsson, Rafn Sigurdsson, Oddgeir Karlsson

El agua termal de Blue Lagoon proviene casi directamente del centro de la Tierra. Más concretamente, de la grieta asociada a un activo sistema de volcanes, donde convergen dos placas tectónicas. El fluido que emana en la superficie es una mezcla de agua de mar con agua subterránea que ha atravesado kilómetros de roca porosa a una temperatura superior a los 200 °C.

A tan excepcionales circunstancias se debe el intenso color azul del agua de Blue Lagoon al igual que su composición rica en minerales, silicio y algas. Gracias a estas sustancias de efecto purificante no es necesario recurrir al cloro u otros desinfectantes en estos baños termales que han demostrado tener un efecto beneficioso sobre la salud de la piel.

Los 5.000 m² de la zona de baños rodean un edificio que aloja el spa, la clínica y un hotel. La construcción linda con un cráter y un barranco de lava que continúa dentro del recinto a través del *hall*, pasa por el restaurante hasta la terraza y termina en la zona de baños.

La sensación de calidez que predomina en las instalaciones responde al diseño y a los materiales seleccionados para captar la energía del ambiente. La luz natural incide sobre los espejos de agua de un intenso color azul y penetra a través de las grandes superficies de cristal.

The thermal water of the Blue Lagoon comes almost directly from the center of the Earth. More specifically, it comes from a crack that is associated to an active volcano system, where two tectonic plates converge. The fluid that emanates to the surface is a mix of sea water with subterraneous water that has crossed miles of porous rock at a temperature higher than 390 °F.

The intense blue color of the water of the Blue Lagoon is due to such exceptional circumstances, just like its composition, rich in minerals, silicon and algae. Thanks to all these substances of purifying effect, it is not necessary to use chlorine or other disinfectant in these thermal baths that are proven to have a beneficial effect on the health of the skin.

The 54,000 square feet of the bath zone surrounds a building that holds the spa, the clinic and a hotel. The construction borders with a crater and a precipice of lava that continues inside the precincts through the hallway, passing by the restaurant on its way to the terrace and ending in the bath zone.

The warm sensation that predominates in the facilities responds to the design and the materials selected to capture the energy of the atmosphere. The natural light falls on the water mirrors of intense blue and penetrates through the great glass surfaces.

www.bluelagoon.com

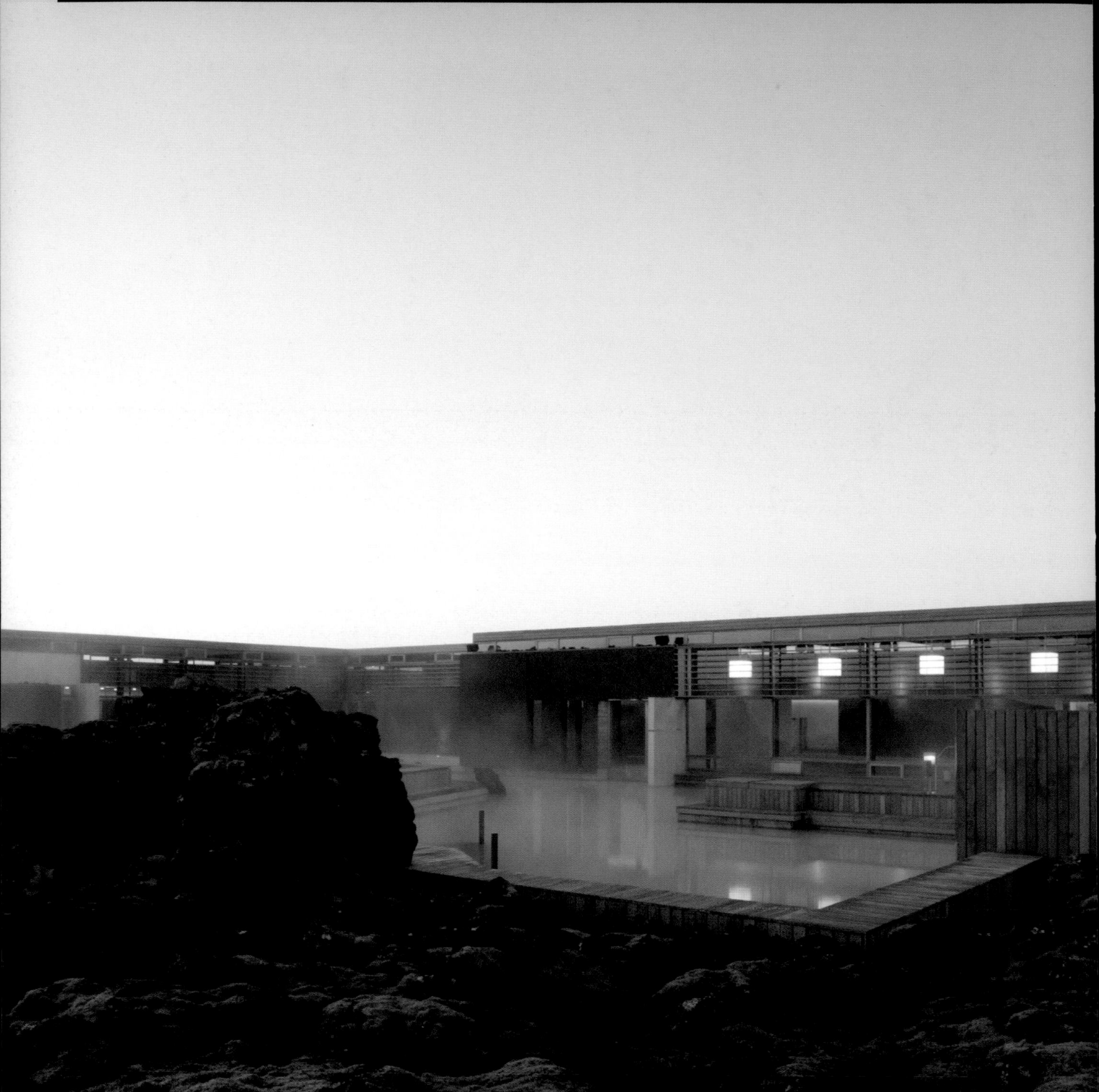

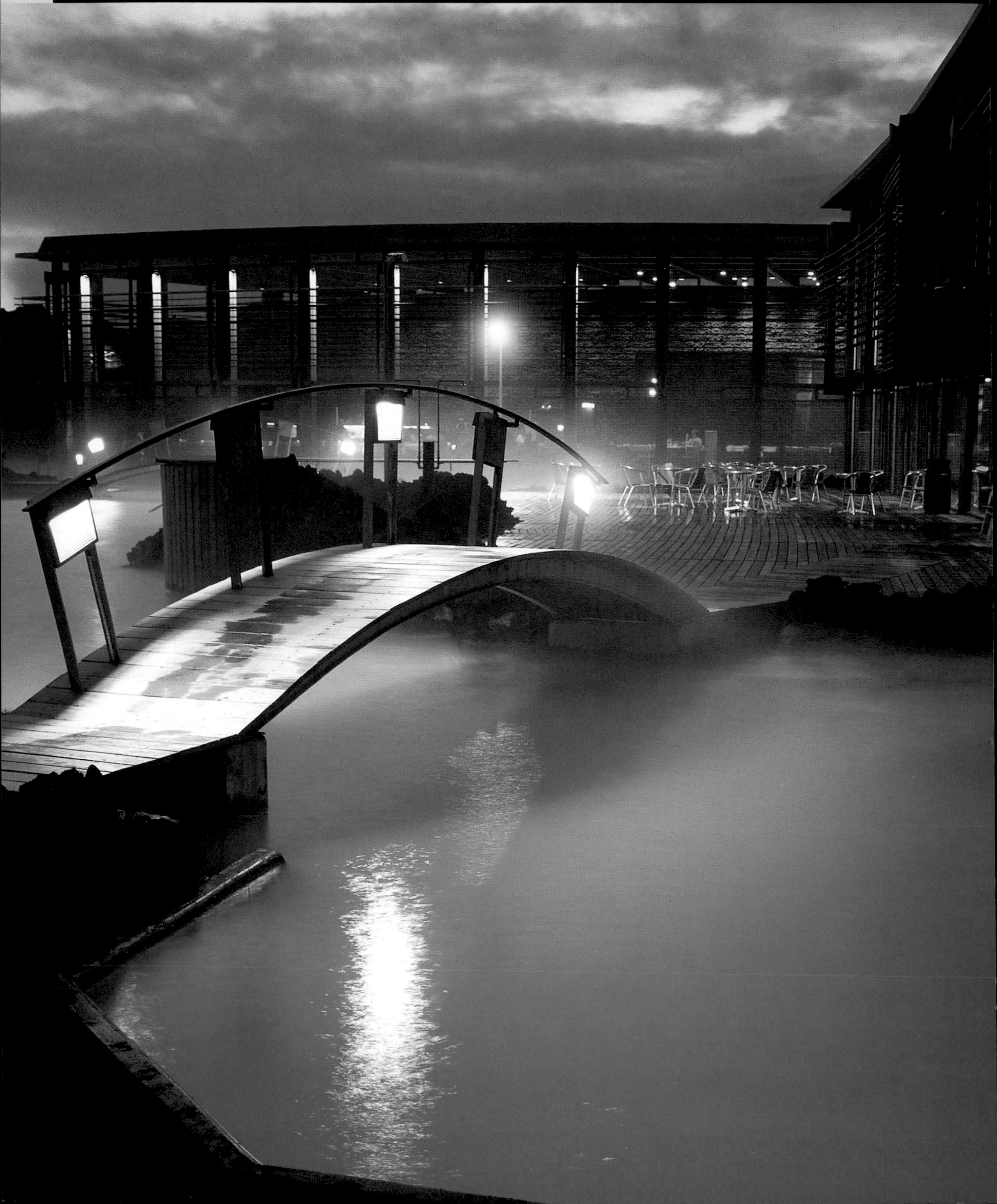

Los 6 millones de litros de agua de Blue Lagoon se renuevan cada 40 horas. La mayoría de los tratamientos se realizan en camillas de madera al aire libre y al lado de la laguna.

The 6 million liters of water of the Blue Lagoon are renovated every 40 hours. Most of the treatments are done in wooden stretchers, in the open air by the lagoon.

Spas en el mar y en la montaña

Mountain & Seaside Spas

Wellness Centre Tschuggen Bergoase | Arosa, Switzerland

Mario Botta

Photos © Enrico Cano, Pino Musi

Cincelado sobre la ladera de la montaña, a una altura de 1.800 m, este spa, cuyo nombre en alemán quiere decir "oasis en la montaña", se eleva como un templo de peregrinación para los cultivadores del estilo de vida saludable.

El arquitecto Mario Botta, famoso por sus museos y por sus templos, ha sido el diseñador de este edificio que, anexo al Hotel Tschuggen, se erige como un bosque de árboles futuristas en medio de la naturaleza.

Los espacios interiores del spa se distribuyen como una terraza continua que sigue la forma de la colina, y dos puentes los vinculan al edificio del hotel. Los espacios exteriores incluyen una piscina al aire libre y explanadas con solariums, algunas equipadas para hacer ejercicio y otras para disfrutar de la nieve.

El gimnasio, las piscinas de hidromasajes, las salas de tratamientos, los saunas, los baños de vapor y los "jacuzzis bajo las estrellas" se distribuyen a lo largo de las cuatro plantas y guardan una privilegiada relación con el paisaje, generosamente ofrecido a la vista a través de las fachadas de cristal.

Chiseled on the mountain slope at a height of 5,900 feet, this spa, whose German name means "oasis in the mountain", rises like a temple of pilgrimage for the cultivators of a healthy lifestyle.

Architect Mario Botta, famous for his museums and temples, has designed this building that stands next to hotel Tschuggen like woods of futuristic trees in the middle of nature.

The inside spaces of the spa are distributed like a continuous terrace that follows the shape of the hill and two bridges connect them to the hotel building. Outside spaces include an open air pool and esplanades with solariums, some of which are equipped to do exercise and others to enjoy the snow.

The gym, the whirlpools, the treatment rooms, the saunas, the steam baths, and the "Jacuzzis under the stars" are distributed throughout the four stories and keep a privileged relationship with the landscape, generously present for contemplation through the glass façade.

www.tschuggen.ch

El Bergoase ha sido construido como un spa propio del siglo XXI, en el que la regeneración del cuerpo es tan importante como la alimentación del espíritu.

The Bergoase was built as a 21st century spa in which the regeneration of the body is as important as the nourishment of the spirit.

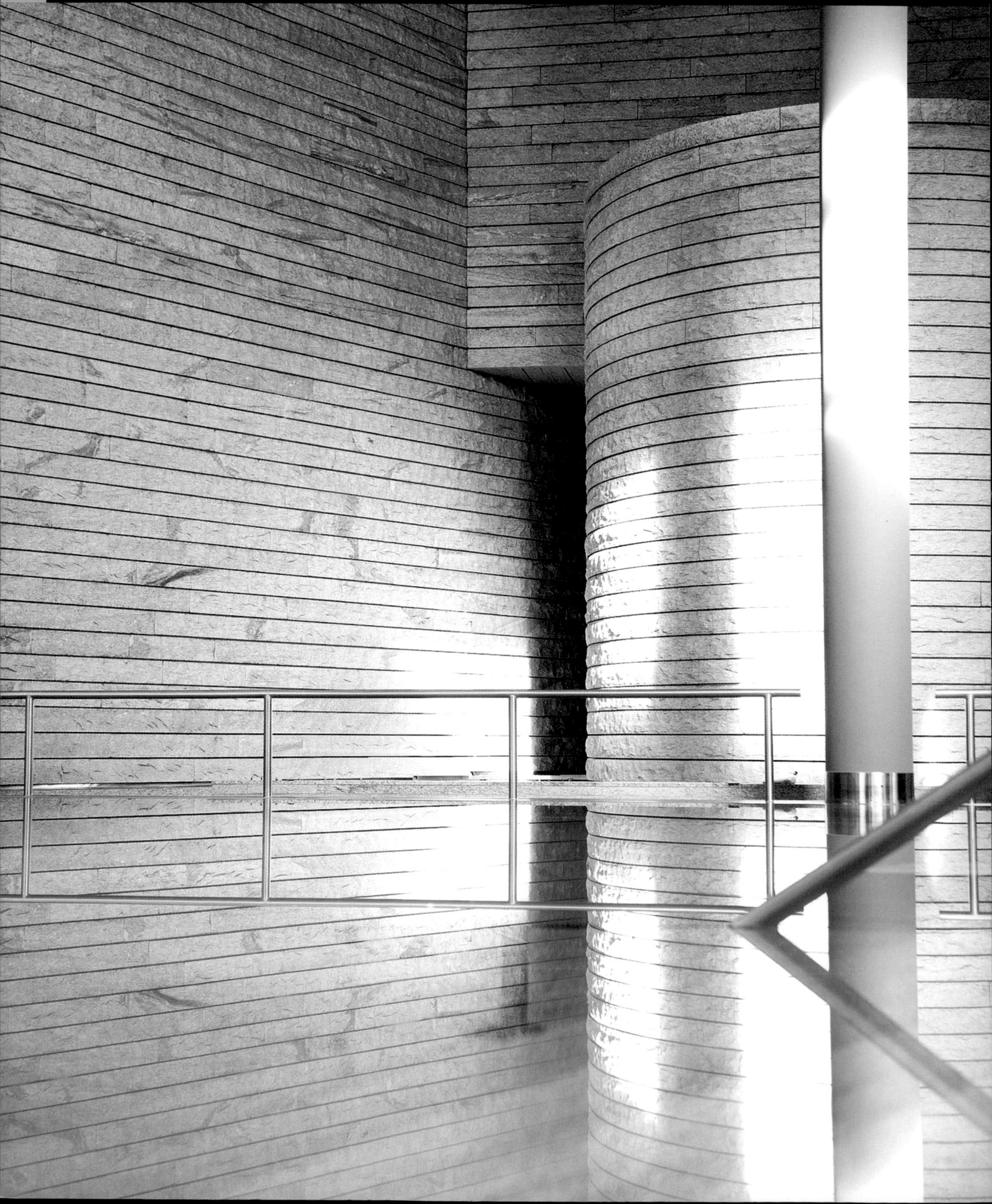

La pared de granito texturizado de la piscina parece,
con sus curvas, el interior de una cueva. El corte de
la piedra y su posterior instalación requirió cuatro
meses de trabajo.

The texturized granite wall in the pool, with all its
curves, looks like the inside of a cave. The cutting of the
stone and its installation required four months of work.

Alpen Therme Gastein Spa | Bad Hofgastein, Austria

Martin Kohlbauer ZT

Photos © Rupert Steiner

Con el objetivo de redimensionar el viejo spa que funcionaba desde la década de los 70, la estación de esquí de Bad Hofgastein propuso crear un nuevo edificio que se integrase con el ya existente. El resultado ha sido un complejo edilicio escultural, donde las estructuras con forma de cubo que alojan las saunas se ensamblan armónicamente con los largos toboganes de agua y con la cúpula revestida de metal, en la que funciona un espacio multimedia.

A efectos de satisfacer las distintas necesidades de los visitantes, las termas están divididas en seis zonas: desde terapias curativas hasta tratamientos de belleza, pasando por sesiones de relax y de entrenamiento deportivo.

Las instalaciones ocupan un total de 36.000 m² —el doble que las termas originales—, de los cuales 1.500 corresponden a superficies de agua distribuidas entre las áreas de relajación y de recreación.

La ubicación de Alpen Therme sobre el valle asegura unas espectaculares vistas de las montañas de Gastein, las cuales aportan su propio efecto de relajación cuando se las contempla al atardecer.

With the purpose of redimensioning the old spa that had been working since the 1970s, the ski station at Bad Hofgastein suggested the creation of a new building that blended into the already existing one. The result was a sculptural, complex building, where structures in the shape of a cube holding saunas are assembled harmonically with long water slides, and with the metal covered dome holding a multimedia space.

In hopes of satisfying the different needs of the visitors, the thermal baths are divided in six zones: from curative therapies to beauty treatments, passing through sessions of relaxation and sports training.

The facilities occupy a total of 387,000 square feet –twice as much as the original thermal baths-, of which 16,200 correspond to water surfaces divided into relaxation and recreation areas.

The location of Alpen Therme on the valley assures some spectacular views of the mountains of Gastein, providing its own relaxing effect when one is able to watch the sunset.

www.alpentherme.com

El valle de Gastein, donde se encuentra Alpen Therme, es famoso por las propiedades curativas de sus aguas mineralizadas.

The Gastein valley, where Alpen Therme is located, is famous for the curative properties of its mineral waters.

Arlberg-well.com | Arlberg, Austria

Dietrich Untertrifaller Architekten

Photos © Bruno Klomfar/Tourism office of St. Anton am Arlberg

Situado en pleno centro de una de las más prestigiosas zonas de esquí de los Alpes, Arlberg-well.com seduce gracias a la perfecta combinación de encanto y funcionalidad. Cuando esta región del Tirol fue la sede del campeonato mundial de esquí en el año 2001, se construyó un amplio edificio de líneas puras y grandes espacios con fines multiuso, excepto una parte bien definida que atrae a los amantes del *wellness*. Se trata de la elegante zona de aguas de Arlberg-well.com, compuesta de piscinas interiores y otras al aire libre y climatizadas, un canal para nadar en contra de la corriente, una cascada y un área especial para niños con toboganes y chorros.

La zona de baños de vapor cuenta con instalaciones para sauna finlandesa y kelo, vahos *sanarium* e hidromasajes. Un amplio solárium, una sala de relajación y un centro *fitness* completan el circuito *wellness*.

El paisaje que rodea este establecimiento es espectacular en todo momento del año. En verano, el verde se impone en los extensos prados salpicados de lagos. En invierno, el parque se cubre de nieve y los árboles se visten de luces de colores que se reflejan sobre el hielo.

Located right in the middle of one of the most prestigious ski areas of the Alps, Arlberg-well.com seduces by the perfect combination of charm and functionality. When this Tyrolese region was the venue for the Ski World Championship in 2001, they built a large building of pure lines and wide spaces for diverse uses, except a much defined zone that attracts the lovers of wellness. This is the fancy wet zone of Arlberg-well.com, composed by indoor pools, and open-air, heated pools; a lane to swim against the current, a cascade, and an area especially for children with water slides and jets.

The steam bath area has installations for Finnish sauna and kelo, *sanarium* vapors and whirlpool baths. A large solarium, a relaxation room and a fitness center complete the wellness circuit.

The landscape that surrounds the location is spectacular all year long. In summer, the vast meadows are deeply green and one can see lakes here and there. In winter, the park is covered in snow, and the trees dress up in color lights that reflect upon the ice.

www.arlberg-well.com

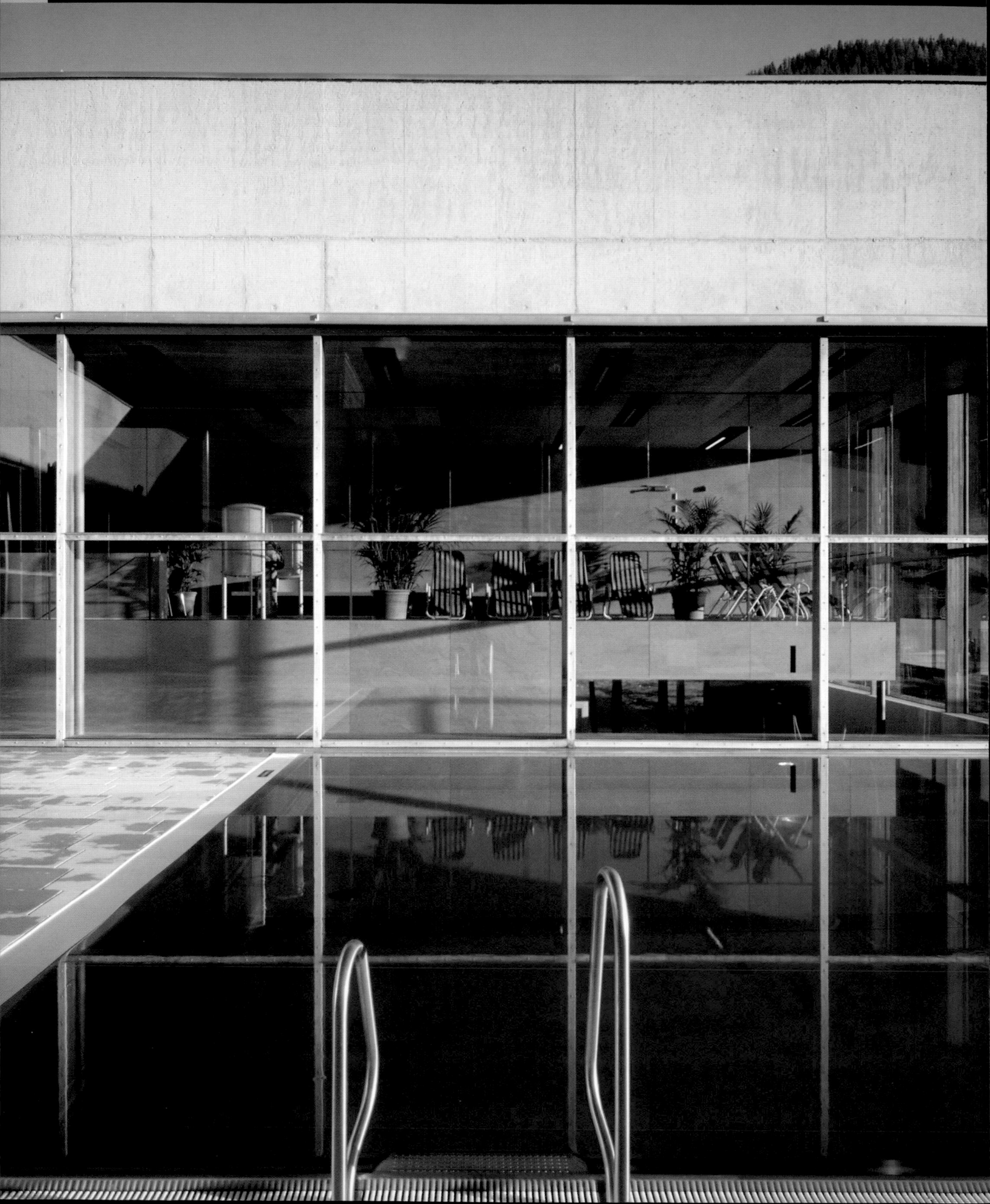

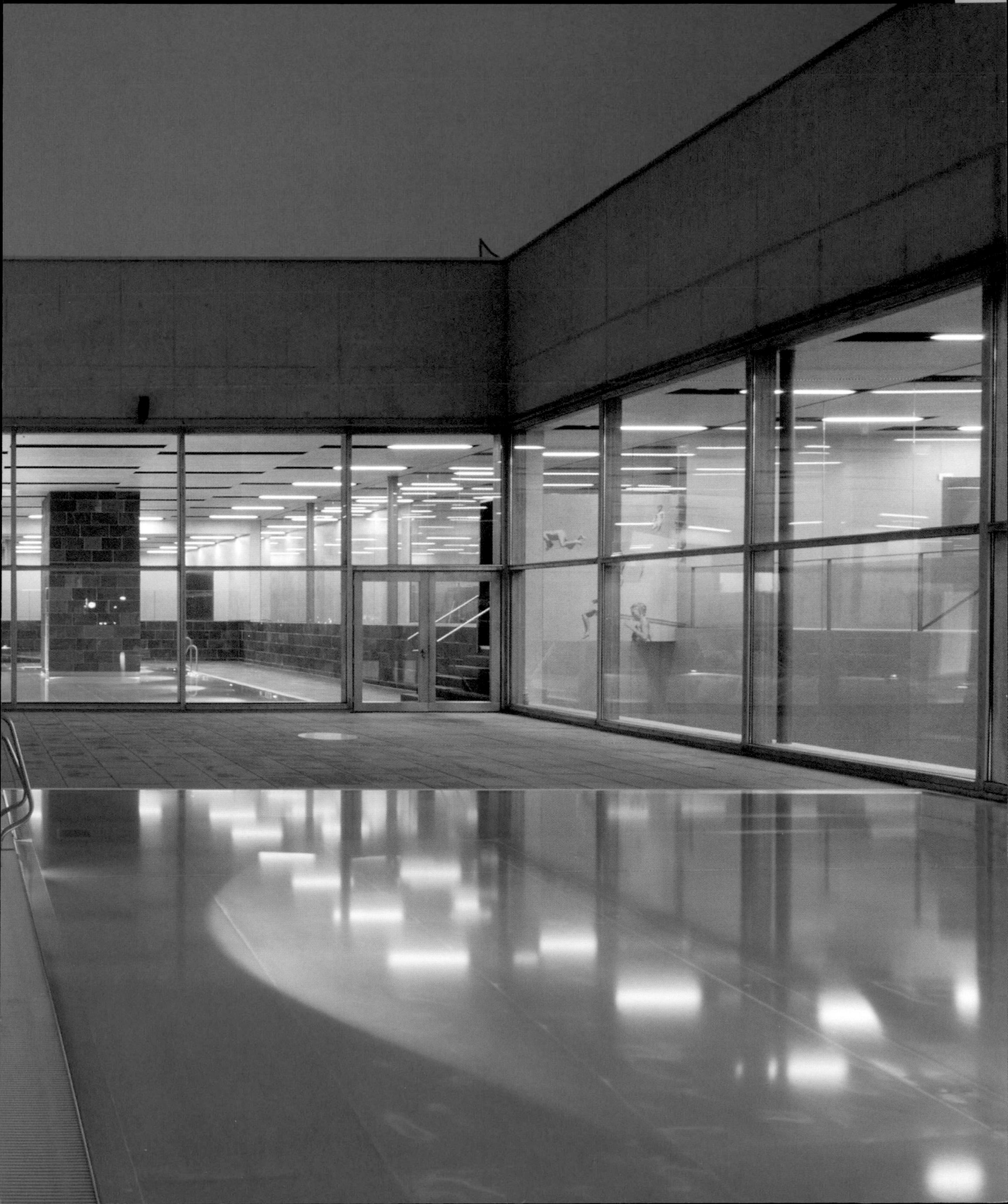

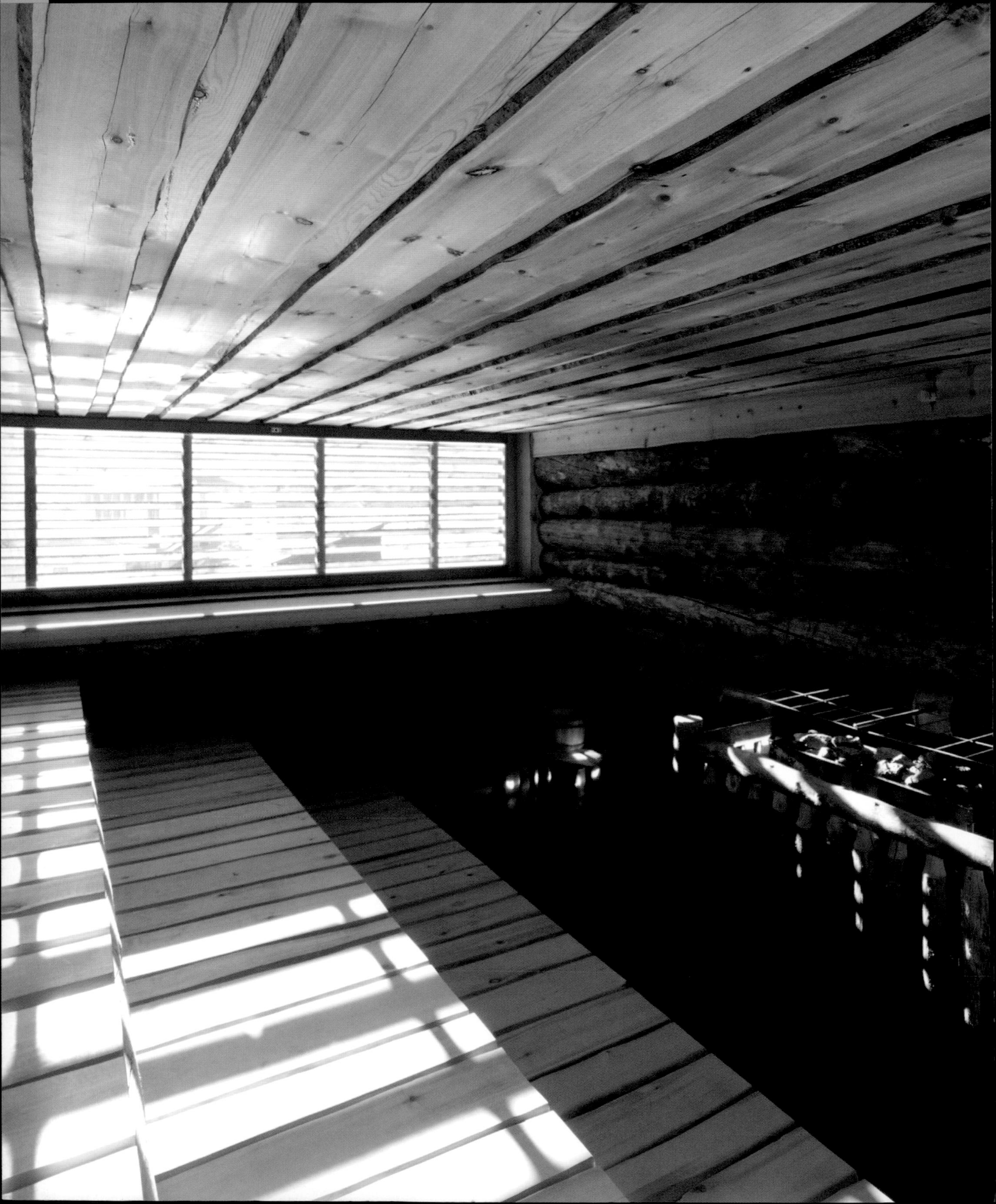

Las instalaciones admiten varios programas de baños de vapor, como la suana finlandesa, la kelo y los sanarium.

The facilities include a variety of steam baths, a Finnish sauna, a kelo-sauna and sanariums.

Thalasso Spa Fenicia | Ibiza, Spain

Mireia Vila Merino

Photos © Jordi Escandell

La talasoterapia se basa en la utilización del agua marina y los productos procedentes de este medio. Sus beneficios para la salud y la belleza constituyen el eje de este spa, ubicado en un dúplex de 1.200 m² del Insotel Fenicia Prestige, un establecimiento hotelero situado en primera línea de mar en la zona de Santa Eulalia, en Ibiza.

Camas de burbujas, chorros a contracorriente, baño turco, sauna, *jacuzzi*, tumbonas térmicas, duchas de sensaciones, zona de relax interior y exterior componen las instalaciones centrales del club termal. El gimnasio y el centro de estética completan los tratamientos de belleza iniciados en la zona de aguas, donde se ha procurado el aporte de nutrientes marinos al organismo.

El centro cuenta también con una zona vip que dispone de una terraza desde la cual se aprecia una vista panorámica de la costa. Comparte el espacio con la piscina al aire libre de agua climatizada.

El interiorismo del recinto está dominado por un estilo minimalista en el que prevalece el blanco no sólo porque es un tono que llama al sosiego, sino también porque es el color característico del estilo ibicenco, con el cual el spa guarda una íntima relación.

Thalassotherapy is based on the use of sea water and products that come from this medium. Their benefits for health and beauty constitute the axis of this spa, located in a 12,900 square feet duplex at Insotel Fenicia Prestige, a beachfront hotel complex located in the Santa Eulalia area in Ibiza.

Bubble beds, counter current jets, Turkish baths, sauna, Jacuzzi, thermal deck chairs, sensation showers, inside and outside relaxation areas are all part of the central facilities of the thermal club. The gym and the esthetic center complete the beauty treatments started in the wet area, where marine nutrients are added to the organism.

The center also has a VIP area with a terrace offering a panoramic view of the coast. It shares the space with the open-air, heated pool.

The interior design of the spa is dominated by a minimalist style with white as the prevailing tone, not only because it calls for peace, but also because it is the typical Ibiza color with which the spa holds a very intimate relationship.

www.tesal.com

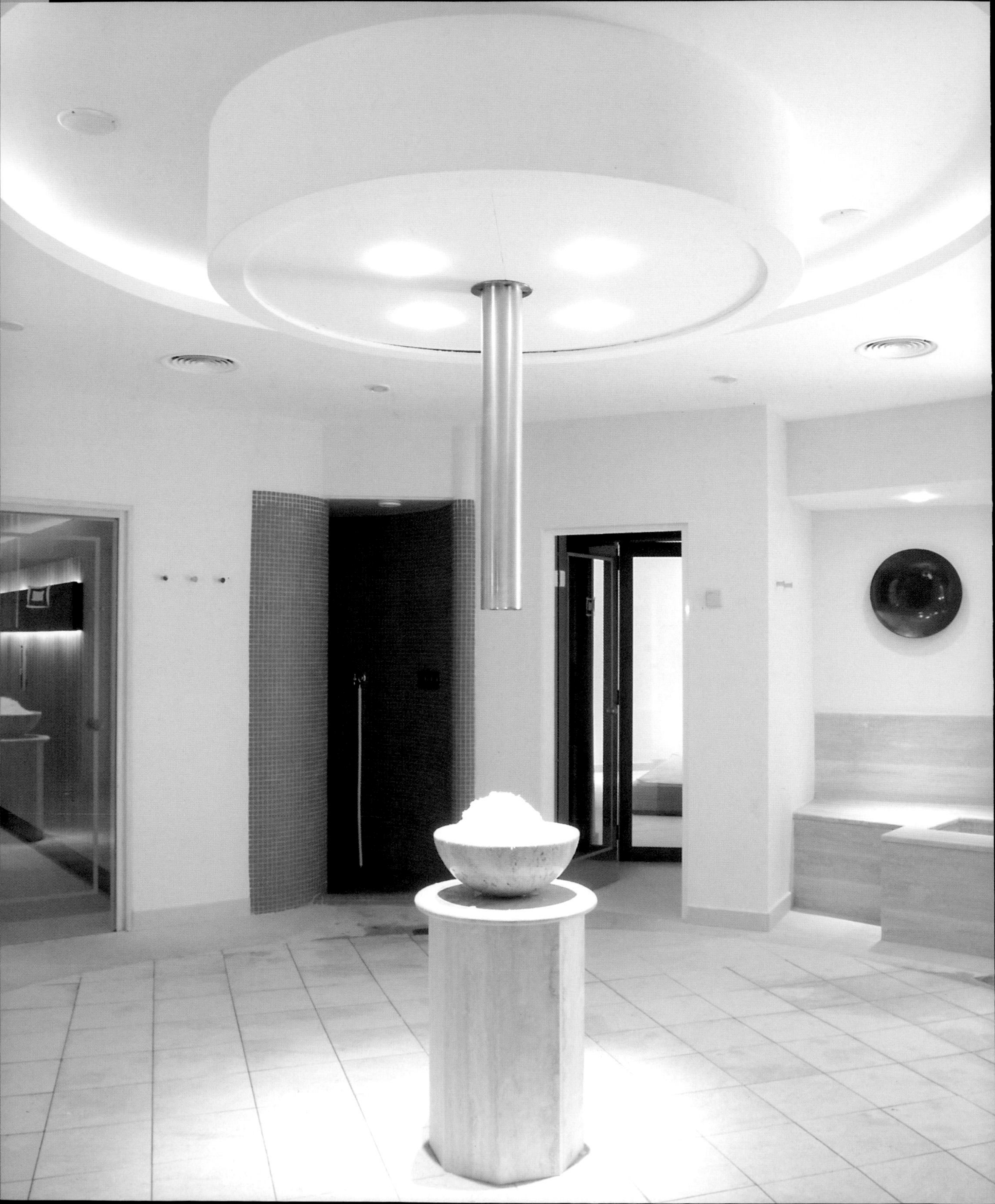

Colores neutros y formas minimalistas: todo en el Thalasso Spa Fenicia llama al sosiego.

Neutral colors and minimalist shapes: the Thalasso Spa Fenicia calls for calm.

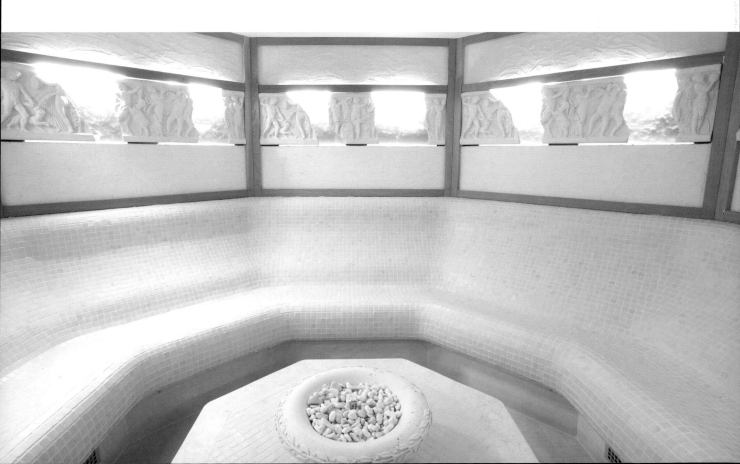

*Desde la terraza del spa se tiene una privilegiada
vista panorámica de la costa de Ibiza.*

*From the spa terrace there is a privileged panoramic
view of the Ibiza coastline.*

Spa Néocéa | Saint Paul de Vence, France

Daniel Jouvance

Photos © Gilles Bailleux

Los jardines colgantes del Hotel Mas d'Artigny se confunden con el verde intenso del pinar que da hacia las murallas de Saint Paul de Vence, y se funden con el azul de las 21 piscinas que parecen volcarse sobre el Mediterráneo. En este magnífico emplazamiento de la Costa Azul francesa, a medio camino entre Niza y Antibes, el Spa Néocéa se presenta como una experiencia sensorial en la que la luz y el agua se alían a favor de la intimidad.

Los 750 m² del spa alojan 11 espacios innovadores que han sido diseñados para los rituales de belleza, como el "Grand Soin Aquananda", con sales rosas del Himalaya, o el "Grand Soin Aquadream", con agua marina rica en magnesio para recargar el cuerpo de minerales.

Una cálida luz que se refleja sobre el muro de color chocolate baña permanentemente la piscina central –realizada con piedra del Sinaí–, creando un ambiente de calma y serenidad.

Diseñados por Stèphanie Marin, los grandes cantos rodados que rodean la piscina parecen estar en levitación y ofrecen un escenario surrealista en el que se redefine el equilibrio mente-cuerpo.

The hanging gardens of Mas d'Artigny hotel are confused with the intense green color of the pine woods that lie near the walls of Saint Paul de Vence, and are fused with the blue of the 21 pools that seem to throw themselves over into the Mediterranean. In this magnificent location of the French Côte d'Azur, halfway between Nice and Antibes, Spa Néocéa is a sensory experience in which light and water become allies that favor intimacy.

The 8,000 square feet of the spa hold 11 innovative spaces that have been designed for the beauty rituals such as the "Grand Soin Aquananda", with pink Himalayan salts, or the "Grand Soin Aquadream", with sea water rich in magnesium to recharge the body with minerals.

A warm light reflected on the chocolate colored wall constantly showers the main pool –built with Sinai stone–, creating an atmosphere of calm and serenity.

Designed by Stèphanie Marin, the large boulders that surround the pool seem to be levitating, and offer a surrealistic scenario in which the balance between mind and body is redefined.

www.mas-artigny.com

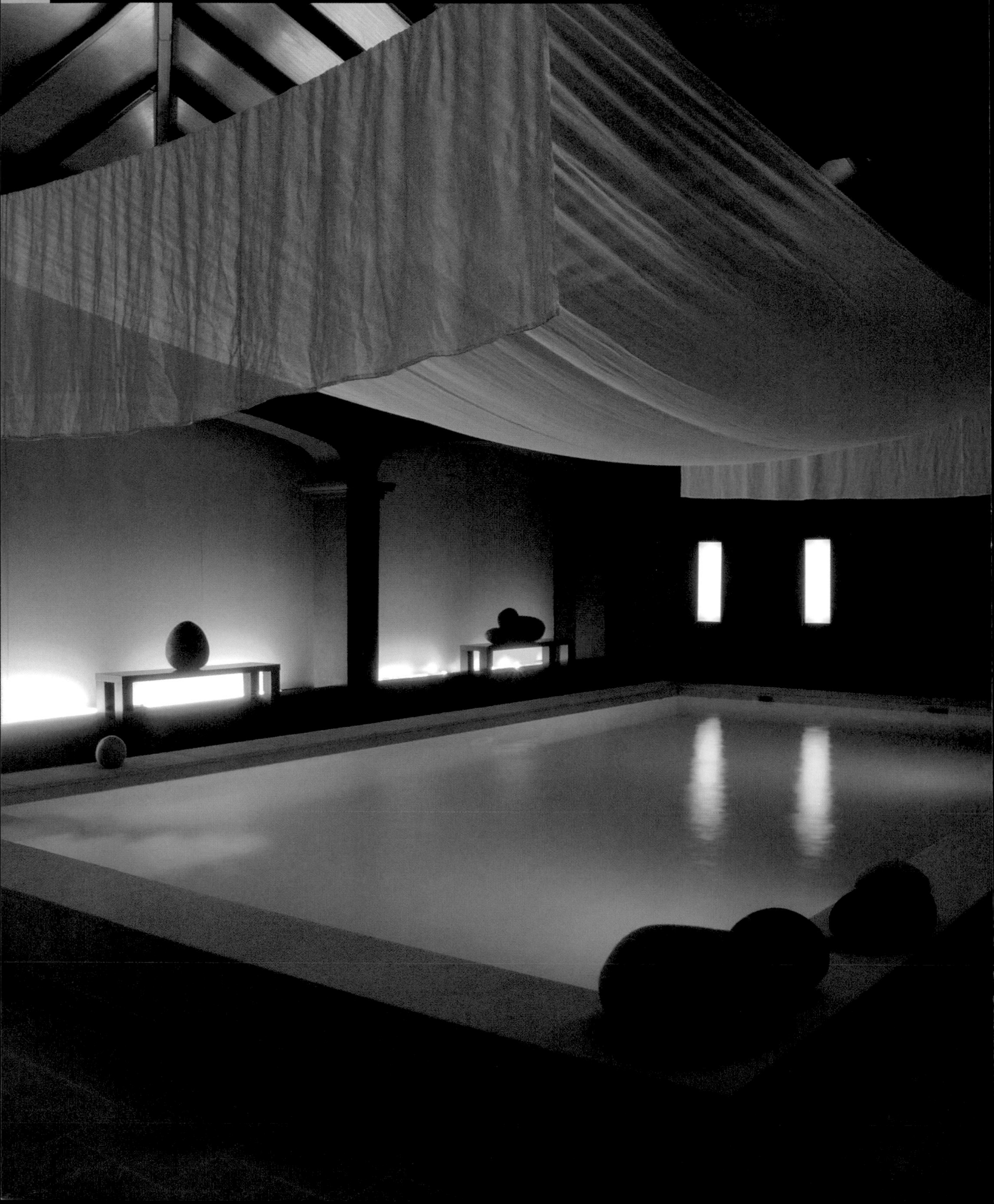

Las variaciones de luz y los cantos rodados ofrecen
una visión surrealista de la piscina central.

The variations in the light and the boulders offer a
surrealist image of the main swimming pool.

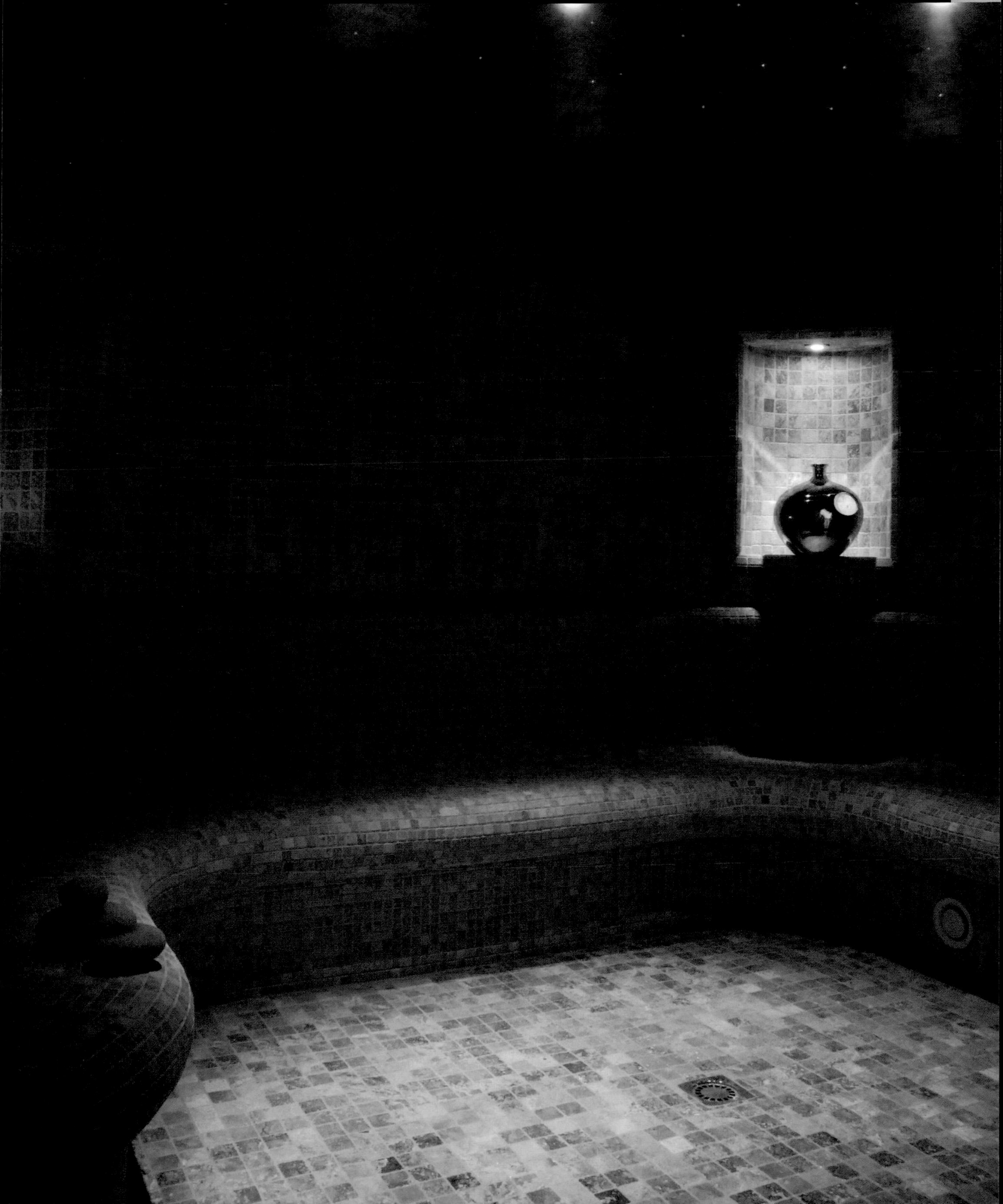

Vigilius Mountain Resort | Monte San Vigilio, Italy

Matteo Thun

Photos © Design Hotels

A 1.500 m sobre el nivel del mar, el Vigilius Mountain Resort logra mimetizarse con la naturaleza que lo rodea. Para su diseño, el arquitecto Matteo Thun se ha dejado influir por el espectacular entorno, combinando los materiales naturales con soluciones ecológicas (como el tejado cubierto de hierba) a fin de integrar el hotel en el bosque.

Las líneas limpias y los ambientes espaciosos se reiteran en todo el complejo, que forma parte de la marca Design Hotels. En la fachada, los listones de madera dispuestos en paralelo remarcan la horizontalidad de la construcción sin renunciar a las increíbles vistas sobre el bosque.

Los suelos de piedra pulida y el entarimado se mezclan tanto en el interior del spa, formando incluso una pasarela que cruza la piscina, como en el exterior, donde los listones se extienden y cubren la estructura escalonada en la que se puede disfrutar del sol al aire libre. En la zona destinada a las terapias, los colores neutros, la madera y la piedra de tonos claros logran una estética lujosa y acogedora a la vez, lo que crea un ámbito propicio para recibir todo tipo de tratamientos y masajes con aceites y hierbas heredados de la tradición del Tirol del Sur.

A t 4,900 feet over sea level, the Vigilius Mountain Resort is able to blend with the nature that surrounds it. In order to design it, architect Matteo Thun has become influenced by the spectacular environment, combining natural materials with ecological solutions (like the roof covered in grass) in order to integrate the hotel into the woods.

The clean lines and the roomy areas are repeated all over the building, which is part of the Design Hotels brand. In the façade, the wooden planks placed parallel to each other highlight the horizontal characteristic of the construction without renouncing the amazing views over the woods.

The polished stone floors and floorboards mix in the inside of the spa forming a footbridge that crosses the pool, as in the outside, where the planks extend and cover the structure formed by the steps where one can enjoy the sun in the open air. In the zone destined to therapies, the neutral colors, the wood and the stone in light tones achieve a luxurious and cozy esthetic, which creates an atmosphere that is suitable for receiving all sorts of treatments and massages with oils and herbs inherited from the tradition of Southern Tyrol.

www.vigilius.it

Con sus excepcionales interiores otoñales, la exquisita comida alpina y del norte de Italia y el hedonístico spa, el Vigilius Mountain Resort representa el futuro de este tipo de retiros de lujo.

With the exceptional autumnal interiors, the exquisite alpine and northern Italian food, and the hedonistic spa, the Vigilius Mountain Resort represents the future in this type of luxurious retreats.

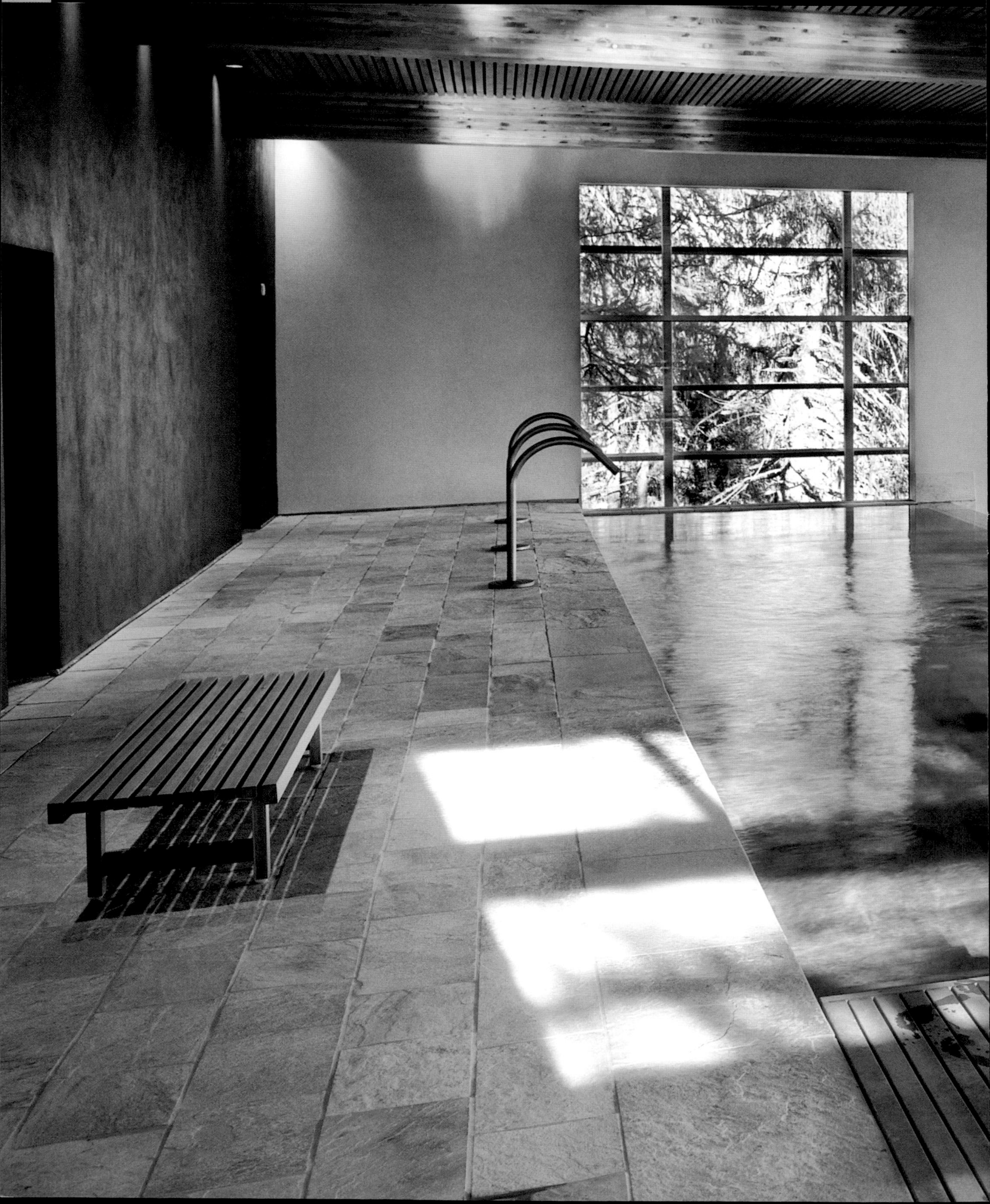

Las grandes cristaleras que cubren la fachada permiten contemplar el paisaje de montaña desde la piscina cubierta, situada al nivel de las copas de los árboles.

The great windows that cover the façade permit the contemplation of the mountainous landscape from the covered pool that is leveled with the tree tops.

En todo el spa se respira un ambiente cálido y sereno gracias al predominio de la madera y los materiales naturales con soluciones ecológicas.

Throughout the spa one gets a feeling of warmth and serenity thanks to the predominance of wood and natural materials with ecological solutions.

Porto Elounda De Luxe Resort | Crete, Greece

The Syntax Group

Photos © Dimitris Poupalos

Tomar un baño de burbujas en la terraza o sumergirse en la piscina de talasoterapia con vistas a las islas griegas es un placer al que se puede acceder desde el Six Senses Spas del establecimiento Elounda, situado sobre la bahía de Mirabello.

Como un escenario fantástico, el recinto central, llamado *tepidarium*, se presenta con impactantes instalaciones que apelan a los elementos básicos de la naturaleza. Allí el agua es protagonista, transparente en la gran cascada, burbujeante en las piscinas de cristal y brillante en los estanques elevados de cristal.

Las *suites* termales con variaciones de sauna finlandesa y baños de vapor al estilo tradicional romano se alojan en una serie de cabinas que terminan en un baño de hielo.

Una de las terapias más originales del spa es el *hammam* otomano, con tratamientos rejuvenecedores que se han utilizado durante siglos. También lo hace único la "Therapy Suite", un pequeño spa privado que ofrece sauna, sala de vapor, una piscina de hidromasaje, una bañera exterior de burbujas y espacios de descanso.

Taking a bubble bath on the terrace or diving into the thalassotherapy pool with views of the Greek islands is a pleasure that can be reached from the Elounda, a spa by Six Senses, located on the Mirabello bay.

As a fantastic stage, the main precinct, called *tepidarium*, holds outstanding facilities that appeal to the basic elements of nature. Water is the protagonist here, transparent in the great waterfall, bubbling in the glass pools and bright in the elevated crystal ponds.

The thermal suites with variations of Finnish sauna and steam baths in the traditional Roman style are located in a series of cabins that end in an ice bath.

One of the most original therapies of the spa is the Ottoman *hammam*, with rejuvenating treatments that have been used for centuries. The "Therapy Suite" also makes it unique: it is a private spa that offers a sauna, steam room, a whirlpool bath, an outside bubble bathtub and rest areas.

www.portoelounda.com

En el tepidarium, *que toma su nombre de los baños romanos, el agua es el motor central de todas las terapias.*

At the tepidarium, *which takes its name from Roman baths, water is the main thread connecting all therapies.*

La piscina de hidromasaje tiene una sección interior y otra exterior desde la que se ve el paisaje marino mientras la piel se purifica.

The whirlpool has an inside section and an outside one from which it is possible to see the marine landscape while the skin is purified.

Balance Center & Spa | Salzburg, Austria

Niki Szilagyi

Photos © Design Hotels

Rodeado de la belleza de las montañas austriacas, en el pueblo de Zell am See, el Mavida Balance Hotel & Spa ha sido concebido como un espacio homogéneo que conjuga un delicado diseño interior con líneas arquitectónicas depuradas. La luz juega un papel importante, bañando de manera estratégica cada uno de los rincones y creando una atmósfera cálida y acogedora.

Tras el confortable hotel, se esconde un verdadero santuario, el Balance Center & Spa. En su diseño destacan la piedra pulida, el artesanal mobiliario de madera de olmo y la piedra de pizarra. Sus tonos *beige*, marrón, arena y negro logran un ambiente neutro que irradia calma y relajación, al tiempo que completan el lujoso aspecto del spa. El spa ofrece 12 habitaciones de tratamientos, incluida la "Spa Suite" para dos personas, donde se ofrecen masajes hawaianos y asiáticos, *peelings* corporales y diferentes tratamientos faciales. Además propone saunas, baños de vapor, un *flotarium* y piscinas.

La luz es la herramienta principal con la que trabaja el "entrenador mental", que utiliza varios métodos de relajación, meditación e hipnosis para lograr así la armonía entre el cuerpo y la mente. El amplio campo a orillas del lago Zell, a los pies del hotel, invita a los clientes a perderse en largos paseos.

Surrounded by the beauty of the Austrian mountains, in the town of Zell am See, the Mavida Balance Hotel & Spa was conceived as a homogeneous space conjugating a delicate interior design with refined architectonic lines. Light plays an important role, showering each of the corners in a strategic way and creating a warm and cozy atmosphere.

Behind the comfortable hotel there is a real sanctuary, the Balance Center & Spa. Polished stone, artisan furniture made from elm wood and slate stone stand out in the design. Colors beige, brown, sand and black manage a neutral atmosphere that radiates calm and relaxation, while at the same time completing the luxurious aspect of the spa. It offers 12 treatment rooms including the "Spa Suite" for two people, where there are Hawaiian and Asian massages, body peelings and different facial treatments. It also has saunas, steam baths, a *flotarium* and pools.

Light is the main tool with which the "mental trainer" works, using different methods like relaxation, meditation and hypnosis to acquire harmony between the body and the mind. The large fields by lake Zell, lying close to the hotel, invite clients to get lost while taking long walks.

www.mavida.at

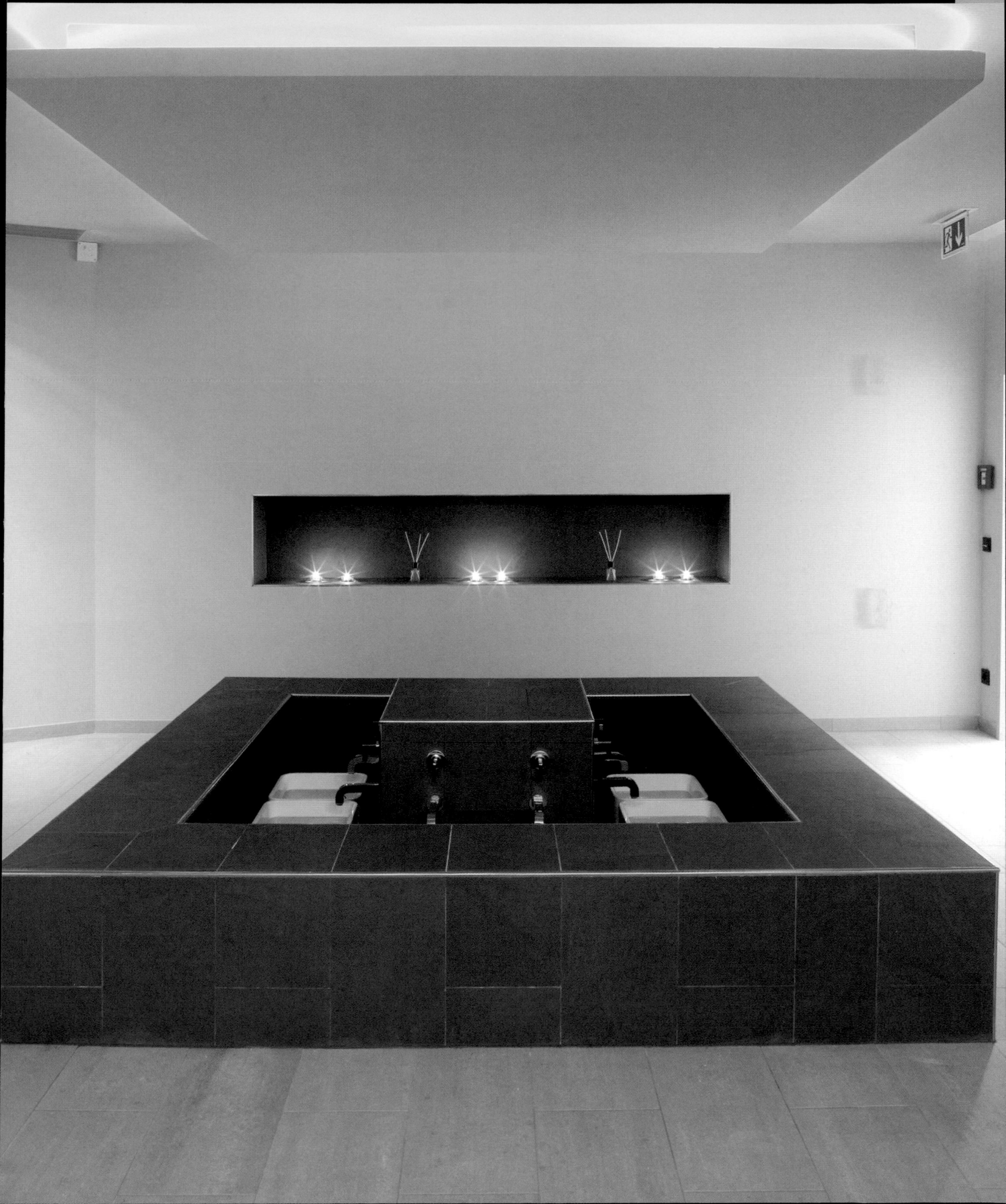

Junto a la piscina se extiende un lounge, donde hay grandes camas de madera que invitan a relajarse disfrutando tanto de los dulces aromas que fluyen por el aire como de la música suave y melodiosa.

Next to the pool there is a lounge where large wooden beds invite you to relax, enjoying the sweet aromas that flow through the air and the soft, melodious music.

Enormes bloques de pizarra crean el espectacular telón de fondo del spa, en el que predominan la madera y una paleta de colores terrosos.

Huge slate blocks create the spectacular backdrop of the spa, in which wood and a palette of earth colors predominate.

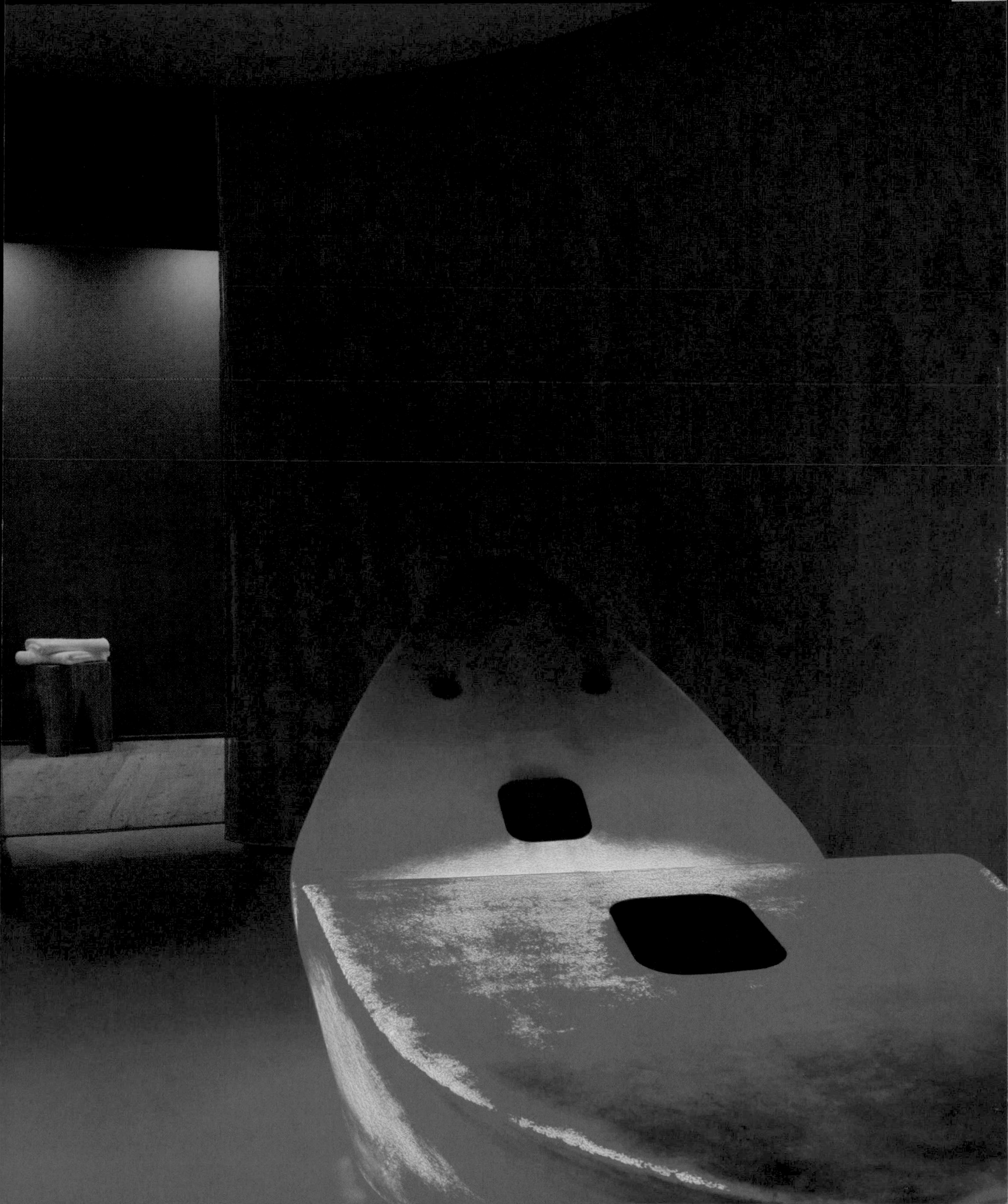

Therme Aqua Dome | Längenfeld, Austria

Schnögass & Partner Ziviltechniker

Photos © Angelo Kaunat

Inmersas en el verde valle de Ötztal, las instalaciones de estas termas recuerdan una estación espacial. Sin embargo, pese a su forma futurista, el complejo encaja armoniosamente con el entorno gracias a los reflejos del paisaje y del agua sobre su piel de cristal.

El complejo incluye un hotel, una zona termal interior y exterior, un área de saunas, otra de *fitness*, una clínica de salud, y un spa. Las piscinas exteriores con forma de disco, que parecen estar flotando en el aire, poseen características diferentes: una es de agua salada, otra de hidromasajes y la tercera, que está dedicada a los masajes y al relax, cuenta con un géiser central. En todos los casos, el agua termal, de origen glaciar, proviene de una profundidad de 1.800 m y emerge a la superficie con una rica composición de azufre, a una temperatura de 34 a 36 °C.

Las saunas, junto con las duchas de lluvia tropical y niebla, y los baños sucesivos de sal, miel y lodo que desinfectan, purifican, nutren y regeneran la piel con un evidente efecto antiedad, dan pie a una amplia gama de sensaciones. El spa, por su parte, se especializa en tratamientos de belleza con terapias exclusivas basadas en rituales balineses y masajes exóticos antiedad.

Los productos naturales son un componente importante tanto en los tratamientos como en la estructura del complejo, hecha de madera, piedra y cristal de la región.

Immerse in the green valley of Ötztal, the facilities of these thermal baths remind the visitor of a space station. However, despite its futuristic shape, the complex fits harmoniously with the surroundings because of the reflections of the landscape and the water on its crystal skin.

The complex includes a hotel, an inside and an outside thermal zone, a sauna area, a fitness area, a health clinic and a spa. The outside pools are shaped as discs and seem to be floating in the air. They all have different characteristics: one is salt water, another one is a whirlpool bath, and the third, dedicated to massages and relaxation, has a central geyser. In all cases, thermal water of glacier origin comes from a depth of 5,900 feet and emerges to the surface of the earth with a nice sulfur combination, at a temperature of 93 to 97 °F.

The saunas, together with the tropical rain and fog showers, and the successive baths of salt, honey and mud that disinfect, purify, nourish and regenerate the skin with an anti age effect, allow a wide range of sensations to be felt. The spa also specializes on beauty treatments with exclusive therapies based on anti age Bali rituals and exotic massages.

The natural products are an important component both in the treatments and in the structure of the complex, made of wood, stone and glass from the region.

www.aqua-dome.at

El paisaje tirolés se cuela en el complejo a través de las fachadas acristaladas de todos sus edificios.

The Tyrolese landscape penetrates the complex through the glass facades of all its buildings.

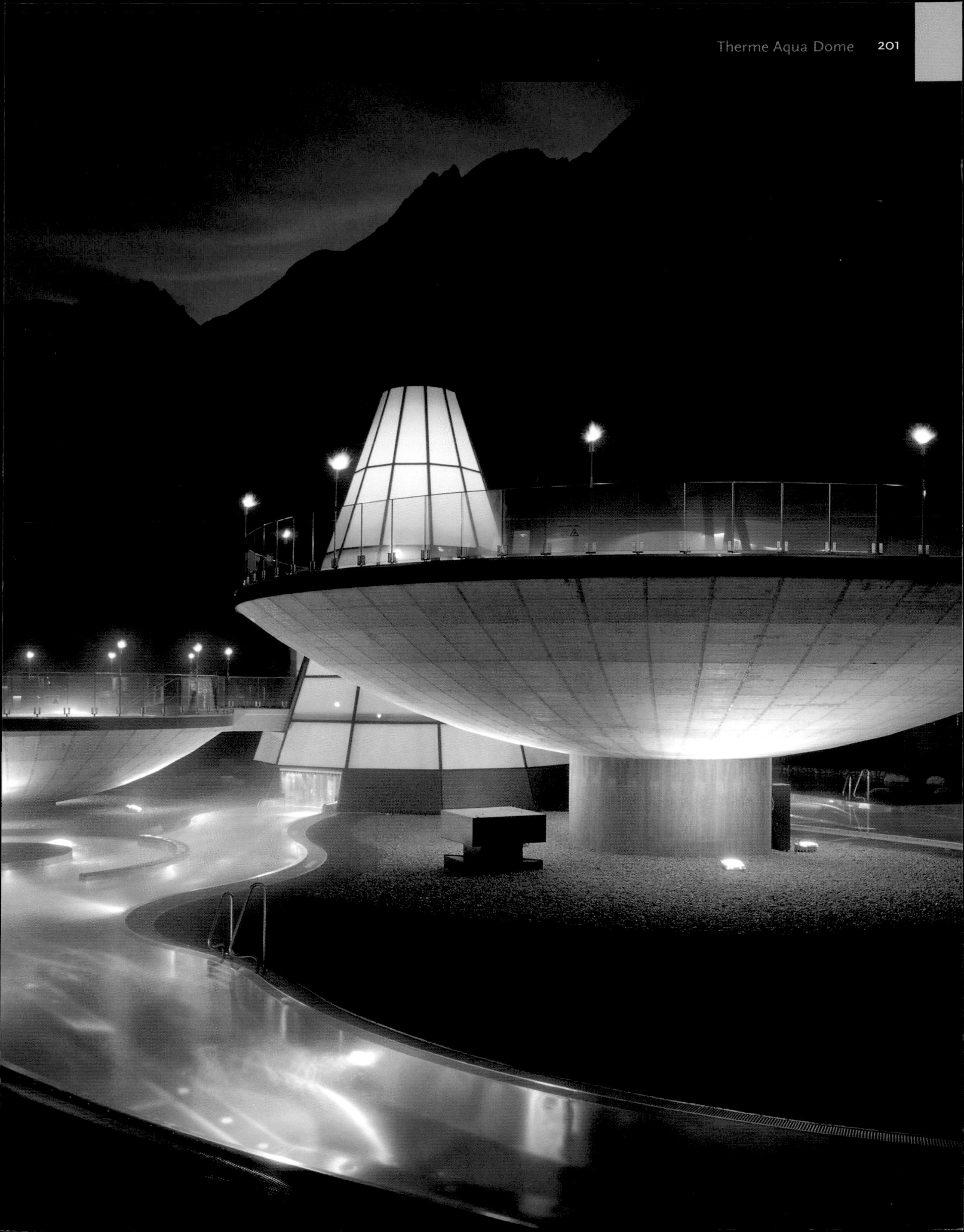

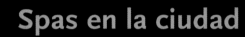

Spas en la ciudad

Urban Spas

Yi-Spa | Berlin, Germany

Marco Thiele, Plajer & Franz Studio

Photos © Die Photodesigner.de

Situado en el centro de Berlín, entre el Hackescher Markt y el Museumsinsel, se encuentra este spa-*boutique* de inspiración asiática, diseñado como un refugio de sosiego para el cuerpo, la mente y el espíritu.

Los colores cálidos e intensos que predominan en este espacio, así como los gráficos impactantes, definen un escenario fuera de lo normal, que invita a escapar por un momento de la rutina diaria.

Elementos naturales como los cantos rodados del suelo, el nácar y la madera oscura, contrastan con los cristales de colores, las plantas exóticas y las delicadas fragancias. Los tratamientos tienen lugar en tres salas que, si bien se diferencian por el color que predomina en cada una de ellas, se hallan bañadas con una luz rosa que emana de los separadores de cristal. Una gran pantalla colocada en el techo deja ver el cielo.

Las ergonométricas mesas de tratamientos son una consecuencia de la observación y de la larga experiencia adquirida en la búsqueda de los mejores resultados. Bajo el lema "Conocemos el camino que te llevará al séptimo cielo", las terapias incluyen varios tipos de masajes, reflexología, exfoliación de todo el cuerpo y vendajes con hierbas. Todos los tratamientos están a cargo de profesionales asiáticos, expertos en su materia.

Located in downtown Berlin, between the Hackescher Markt and the Museuminsel, this spa-boutique of Asian inspiration was designed as a refuge of serenity for body, mind and spirit.

The warm and intense colors that predominate in this space, together with the impacting graphics, define a scenario that is out of the ordinary and that invites one to escape the daily routine, if only for a moment.

Natural elements, such as the pebbles that are lined on the floor, mother-of-pearl and dark wood, contrast with the colored glass, the exotic plants and the delicate fragrances. Treatments are done in three rooms that, although differentiated by the color that predominates in each of them, are all bathed in a pink light that comes from the glass separations. A large screen placed on the roof lets the sky be seen.

Ergonometric treatment tables are a consequence of observation and of the long experience acquired while searching for the best results. Under the motto "We know the way that will take you to the seventh heaven", the therapies include several types of massage, reflexology, body exfoliation and herbal bandages. All the treatments are in the hands of professional Asians, experts in their task.

www.yi-spa.com

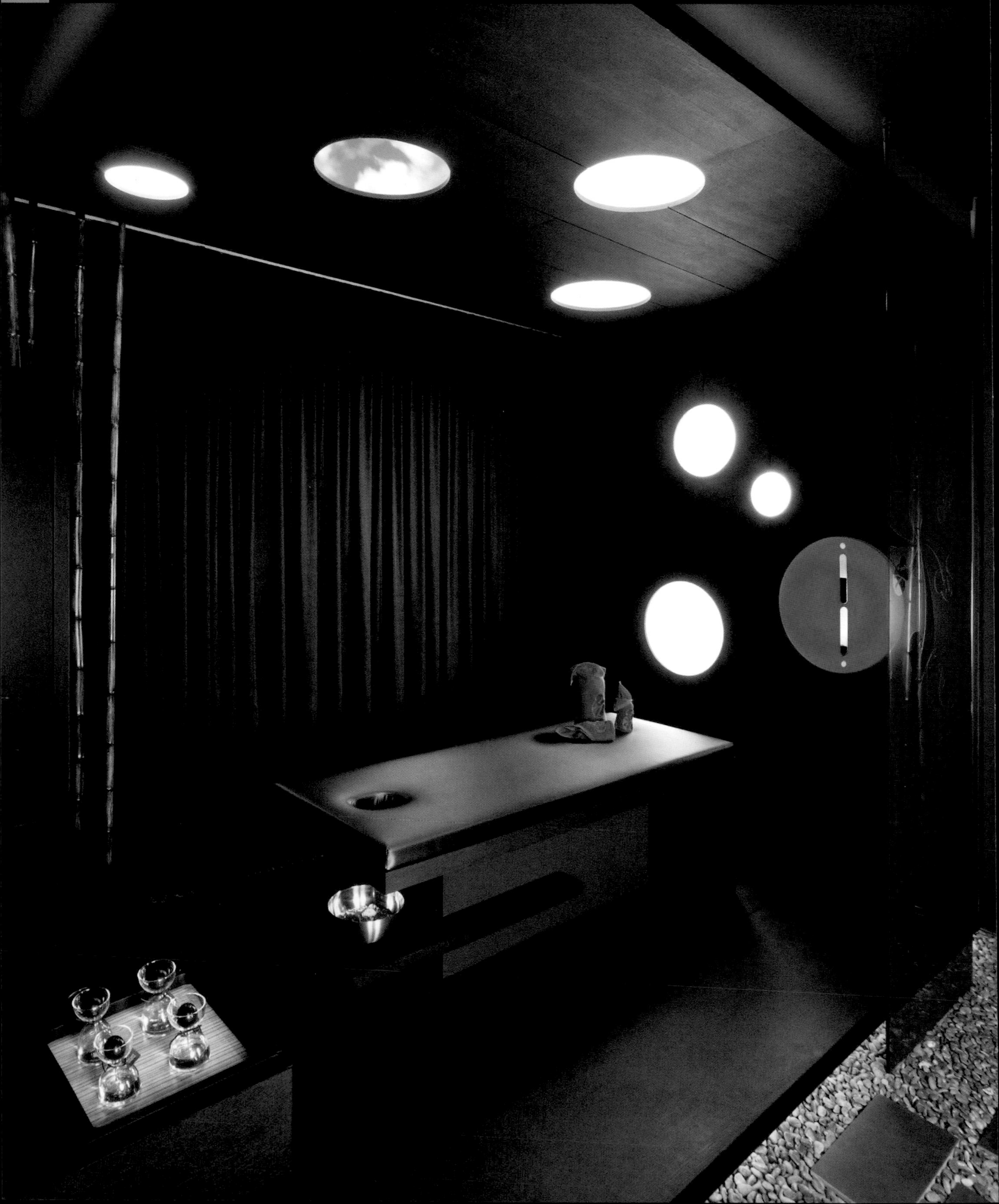

Las superficies y los accesorios están combinados con el color que predomina en alguna de las tres salas de tratamientos: berenjena, negro y blanco.

Surfaces and accessories are combined with the color black that predominates in one of the three treatment rooms: purple, black and white.

Beau-Rivage Palace Hotel Spa | Lausanne, Switzerland

Les Cinq Mondes Spa

Photos © Beau-Rivage Palace

Durante casi 150 años, el Beau-Rivage Palace ha sido uno de los más lujosos hoteles de Suiza y del mundo. Ubicado en Lausanne, el edificio construido por los arquitectos Achille de la Harpe y Jean-Baptiste Bartholoni tiene registradas en sus páginas del libro de visitas ilustres la presencia de Coco Chanel, Gary Cooper, los duques de Windsor, el emperador Hirohito y Nelson Mandela, entre otros.

Su situación al borde del lago Le Lam hace de este hotel un escenario privilegiado desde el cual admirar las espectaculares vistas de los Alpes, especialmente desde el área donde desde el otoño de 2005 funciona el spa de Cinq Mondes.

El exclusivo espacio *wellness* de 1.400 m² es el primero de su clase en Suiza. Ha sido diseñado con una filosofía que incorpora antiguos rituales de salud y belleza. Las influencias de las culturas provenientes de Japón, India, el Norte de África, China y Bali se hacen evidentes no sólo en elementos puntuales del diseño de las ocho salas de tratamientos, las dos piscinas –una interior y otra exterior– y la sala de *fitness*, sino también en las terapias de salud y belleza que aplican al presente la sabiduría de culturas milenarias.

For nearly 150 years, Beau-Rivage Palace has been one of the most luxurious hotels in Switzerland and in the whole world. Located in Lausanne, the building was constructed by architects Achille de la Harpe and Jean-Baptiste Bartholoni. The pages of its visitors' book register the presence of distinguished personalities like Coco Chanel, Gary Cooper, the dukes of Windsor, the emperor Hirohito and Nelson Mandela, among others.

The fact that the hotel is located at the edge of lake Le Lam makes it a privileged place from which to admire the spectacular views of the Alps, particularly from the area where, since fall 2005, the Cinq Mondes spa works.

The exclusive wellness area of 15,000 square feet is first among its type in Switzerland. It was designed with a philosophy that incorporates ancient rituals of health and beauty. Cultural influences from Japan, India, Northern Africa, China and Bali are evident not only in specific items of the design of the eight treatment rooms, the two pools –one inside, the other one outside– and the fitness room, but also in the health and beauty therapies that apply the wisdom of millenary cultures to the present.

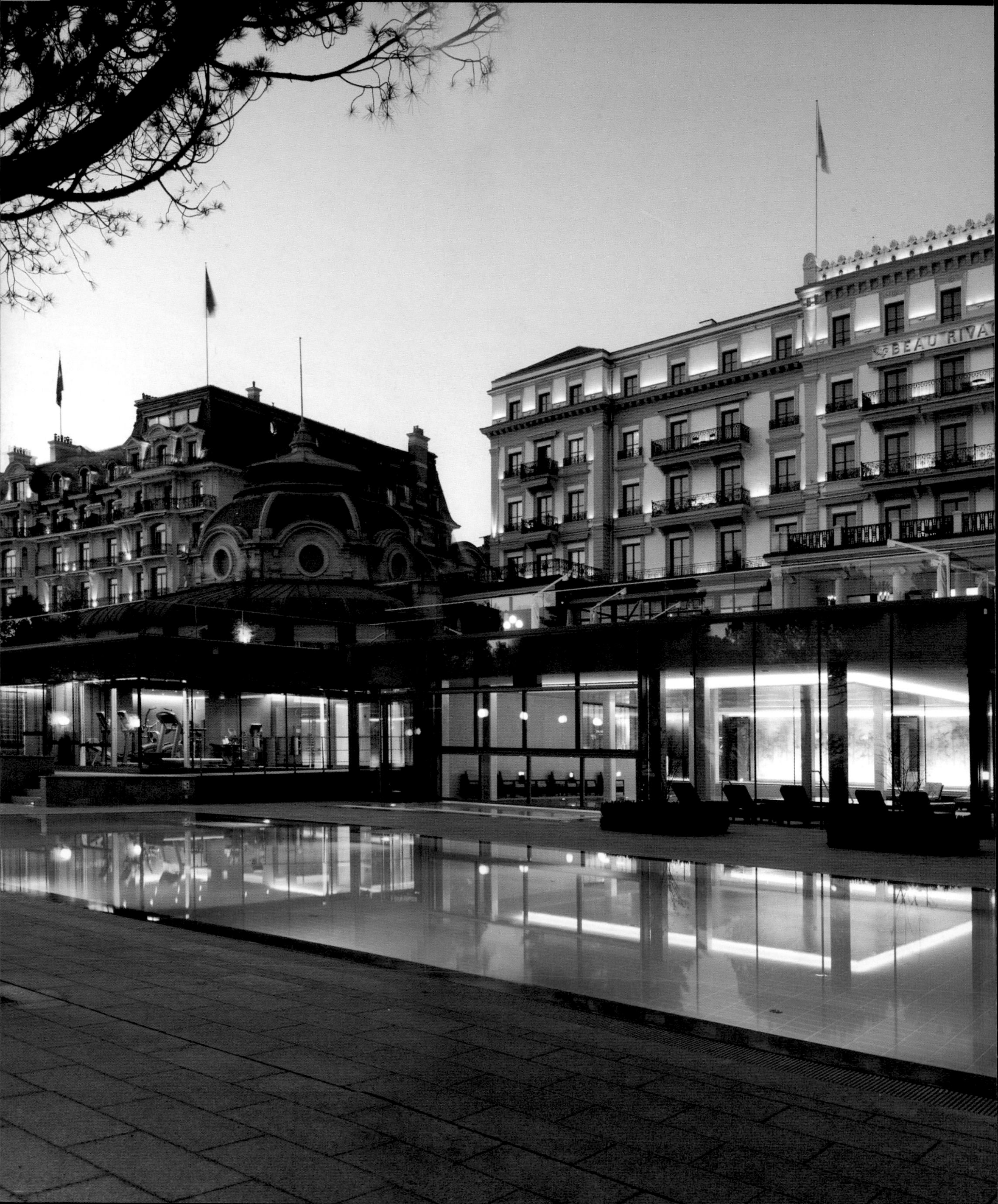
BEAU RIVA

Los dos edificios unidos por el restaurante La Rotonde fueron construidos con 70 años de diferencia, y el spa pertenece a una remodelación reciente.

The two buildings, joined by La Rotonde restaurant, were built seventy years apart, and the spa belongs to a recent renovation.

*Aceites de la India, bálsamos tropicales de Bali,
masajes japoneses y aguas egipcias, el Cinq Mondes
Spa es un viaje virtual a los más serenos santuarios.*

*Indian oils, tropical balms from Bali, Japanese
massages and Egyptian waters: the Cinq Mondes Spa
is a virtual journey to the most serene sanctuaries.*

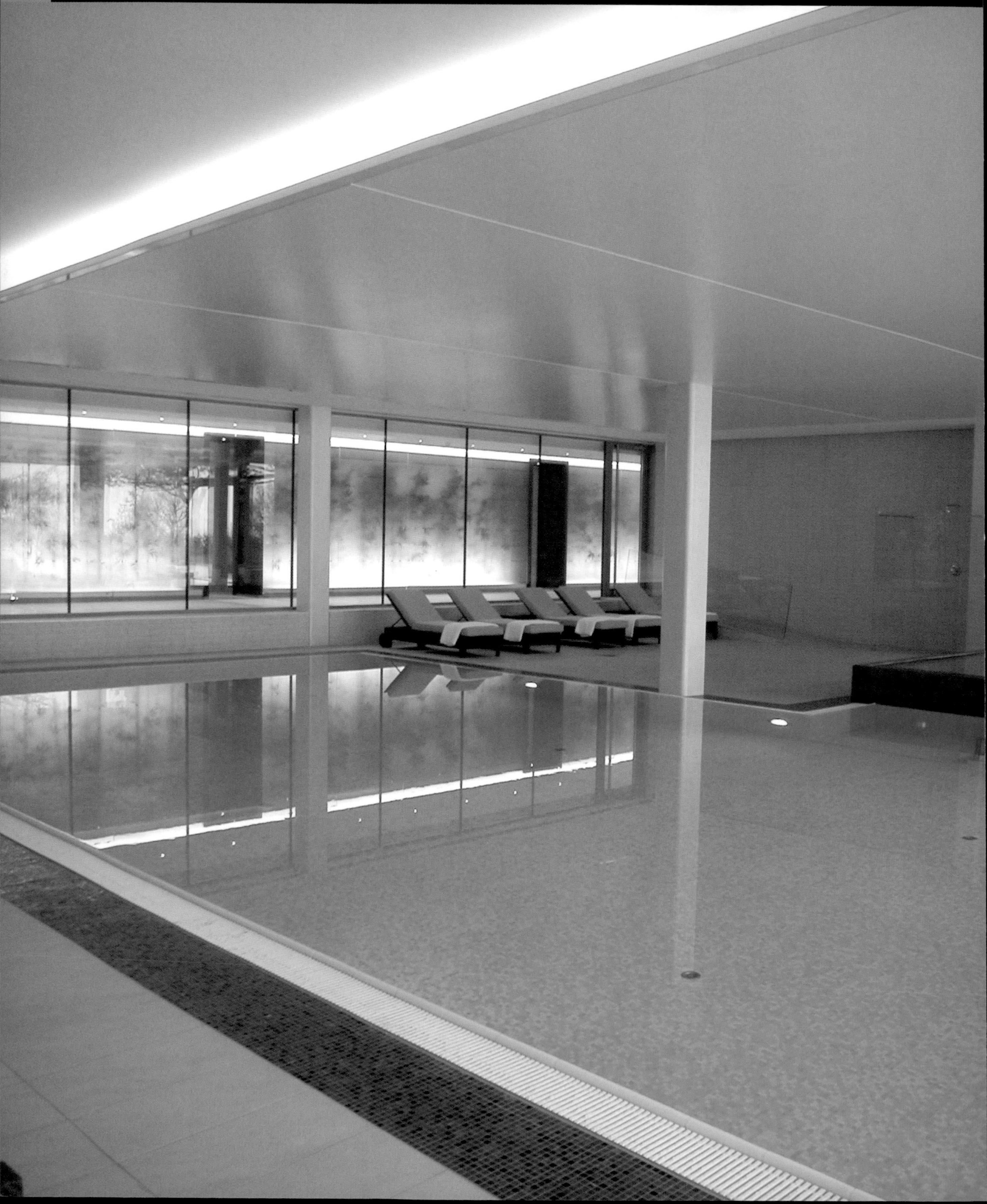

El spa cuenta con una piscina interior de 15 metros
con vistas a los jardines y otra exterior de 20 metros,
a pocos pasos del lago Génova.

The spa boasts an indoor pool of 49 feet overlooking the
gardens, as well as an outdoor pool of 66 feet, which is
just a few steps away from lake Geneva.

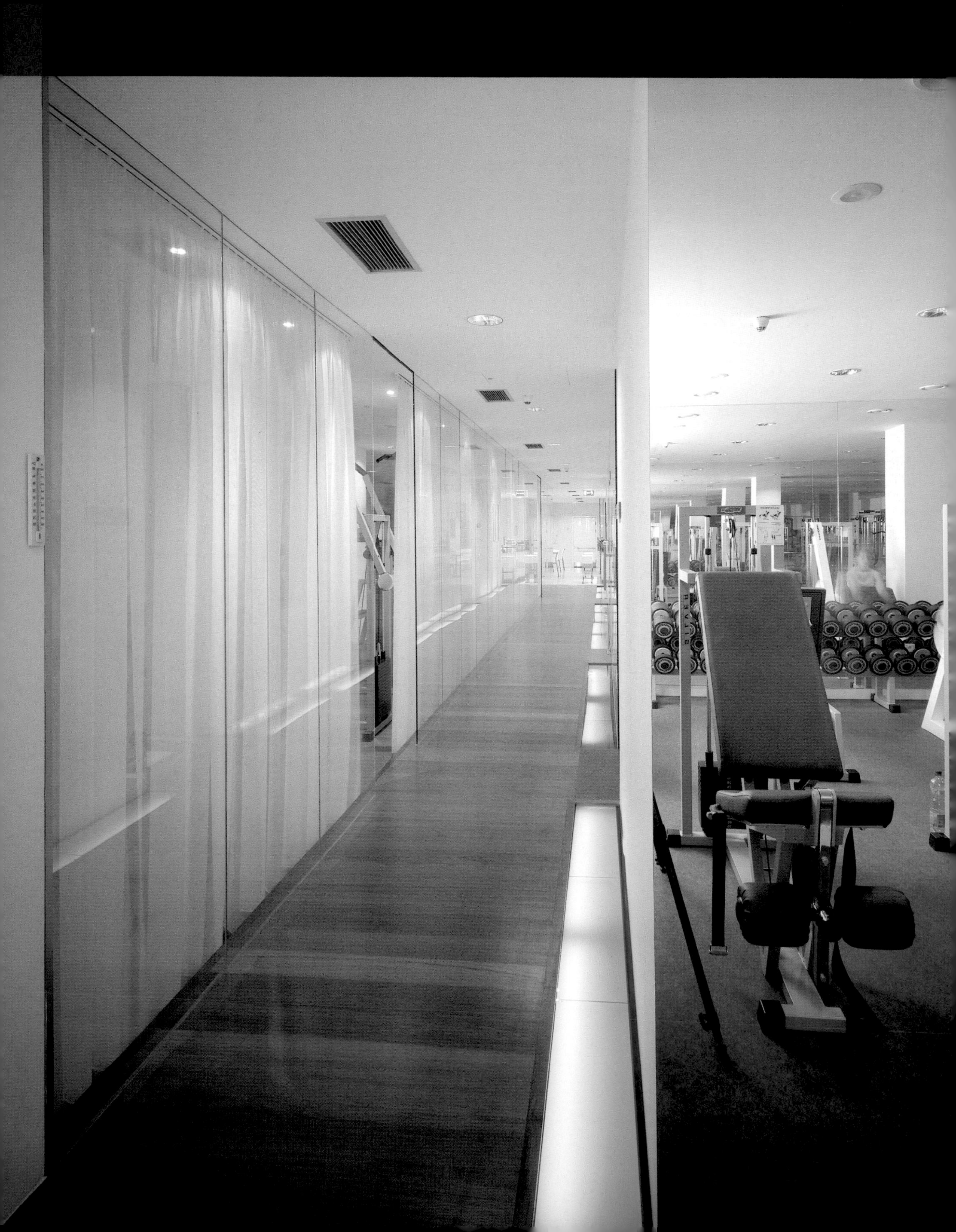

Health Club at Andel's Hotel | Prague, Czech Republic

Jestico & Whiles

Photos © Ales Jungmann

A pocos metros del centro histórico de Praga, el Andel's Hotel se erige como un edificio de estilo Bauhaus con un interiorismo moderno y exquisito que lo convierte en una opción atractiva para conocer una faceta diferente de la ciudad.

Al igual que en el resto del hotel, en el health club los ambientes están dominados por la yuxtaposición de transparencias y de superficies opacas.

Los espacios de este spa urbano están conectados con un "puente" que parte de una luminosa recepción, y que a medida que se lo recorre va desvelando las diferentes actividades sin quebrantar la intimidad. Este pasillo, pavimentado con madera y definido por paredes de cristal y voile, conecta el gimnasio, por un lado, con las salas de relajación, y las cabinas de masaje, sauna y baños de vapor, por el otro. Cuanto mayor sea la privacidad que requieren las actividades, más alejados del puente central se encuentran los espacios donde éstas se practican.

Las ranuras de vidrio azul colocadas sobre uno de los bordes del suelo del pasillo irradian una luz suave y acuosa que ayuda a crear una atmósfera diáfana en la que reina la serenidad y la calma.

A few feet away from the historical city center of Prague, Andel's Hotel stands out as a Bauhaus style building, with modern and exquisite interiors that turn it into an attractive option to get to know a different phase of the city.

As in the rest of the hotel, the different atmospheres of the health club are dominated by the juxtaposition of transparencies and opaque surfaces.

The spaces of this urban spa are connected by a "bridge" that starts at the luminous reception and that, as one crosses it, reveals the different activities without breaking into their intimacy. This hallway, paved in wood and delimited by glass and voile walls, connects the gym with the relaxation rooms on one side, and the massage cabins, sauna and steam baths on the other. The more privacy the activities require, the furthest the spaces are from the central bridge.

The blue glass slots placed on one of the edges of the hallway floor radiate a soft and aqueous light that helps create a clear atmosphere in which serenity and calm rule.

www.andelshotel.cz

La luminosa recepción aloja un bar de zumos y una tienda de productos terapéuticos.

The luminous reception holds a fruit juice bar and a shop that sells therapeutic products.

Health Club & Spa Metropolitan Gran Vía | Barcelona, Spain

Alonso Balaguer y Arquitectos Asociados

Photos © David Cardelús, Pedro Pegenaute

Inaugurado en 2006, el hotel Hesperia Tower se ha convertido rápidamente en uno de los edificios más altos y simbólicos de Barcelona. Diseñado, en colaboración con Alonso Balaguer, por el prestigioso arquitecto Richard Rogers, dispone de un *health club* y un spa que administra la cadena de *fitness* y *wellness* Metropolitan.

El club comparte con el Centro de Convenciones el edificio horizontal que funciona como un zócalo del cuerpo central del hotel. Así tanto los huéspedes del Hesperia como los visitantes externos encuentran en este espacio la división de actividad física y la de spa. La primera alberga salas de fitness, pistas de paddle, solárium y actividades dirigidas.

Las saunas, los baños turcos, los jacuzzis, las camas de agua, los chorros cervicales y la piscina climatizada constituyen el circuito de aguas del spa, que se complementa con los tratamientos de belleza y salud. Una piscina de 25 m con explanada de madera equipada para la relajación funciona como espacio integrador de ambas áreas de actividad. La pared acristalada que comunica la piscina con el exterior confirma el carácter urbano de este balneario.

Inaugurated in 2006, Hesperia Tower hotel has quickly become one of the tallest and most symbolic buildings in Barcelona. Designed by prestigious architect Richard Rogers in collaboration with Alonso Balaguer, it has a health club and a spa that are administered by Metropolitan, a fitness and wellness chain.

The club and the Convention Center are both located at the horizontal building that functions as the ground floor in the central part of the hotel, where guests staying at the Hesperia and external visitors can find the area for physical activity and the one for spa. The first one holds fitness rooms, a paddle court, a solarium and guided activities.

Saunas, Turkish baths, Jacuzzis, water beds, cervical jets and the heated pool constitute the spa's water circuit, which is complemented with the health and beauty treatments. A 82 feet swimming pool with a wooden deck equipped for relaxation works as the space that integrates the two areas. The glassed-in wall that connects the pool with the street confirms the urban nature of this spa.

www.clubmetropolitan.net

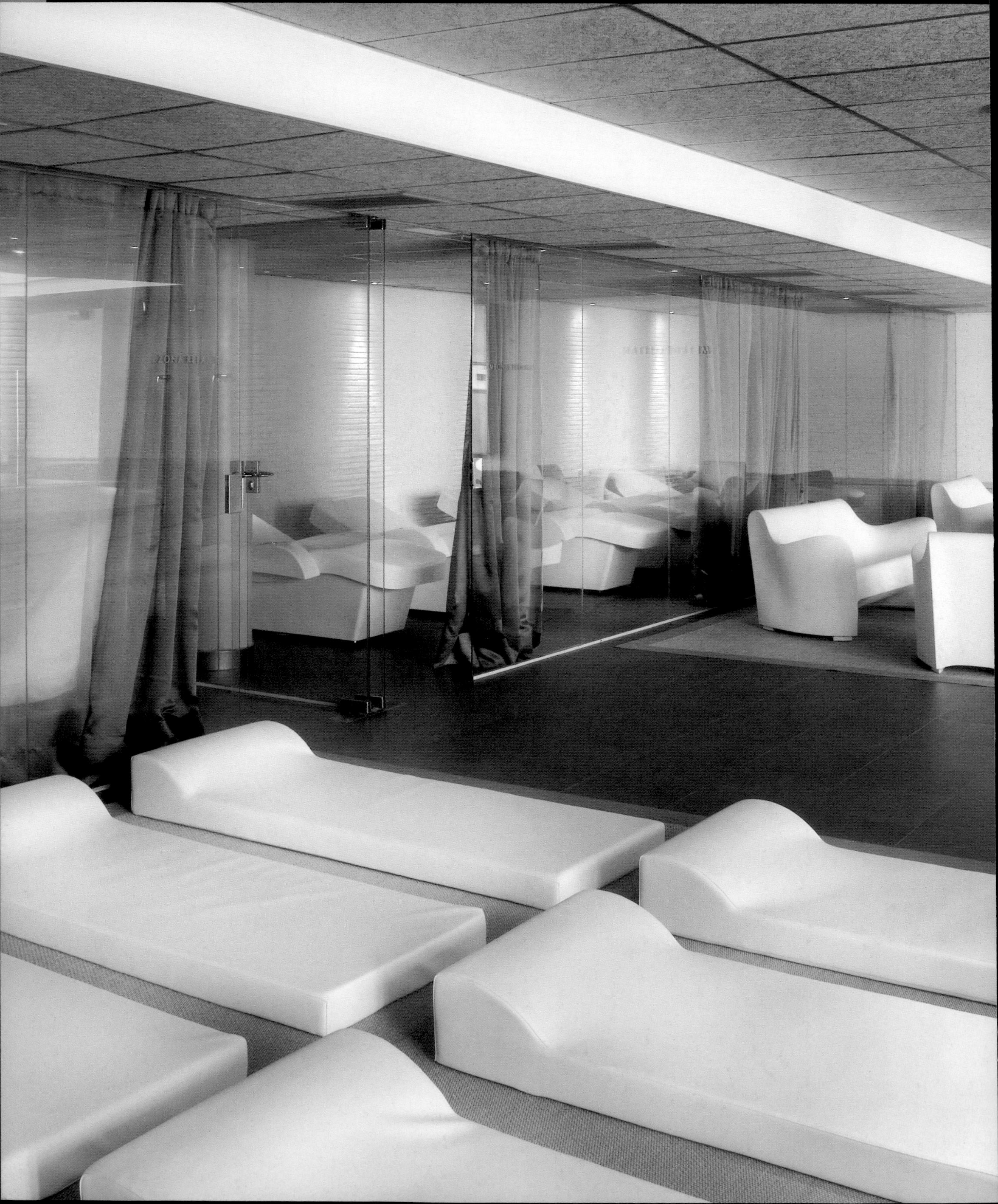

Deporte, salud y bienestar son los tres ejes de actividad que definen el Metropolitan Gran Vía.

Sport, health and wellbeing are the three fundamental activities that define Metropolitan Gran Vía.

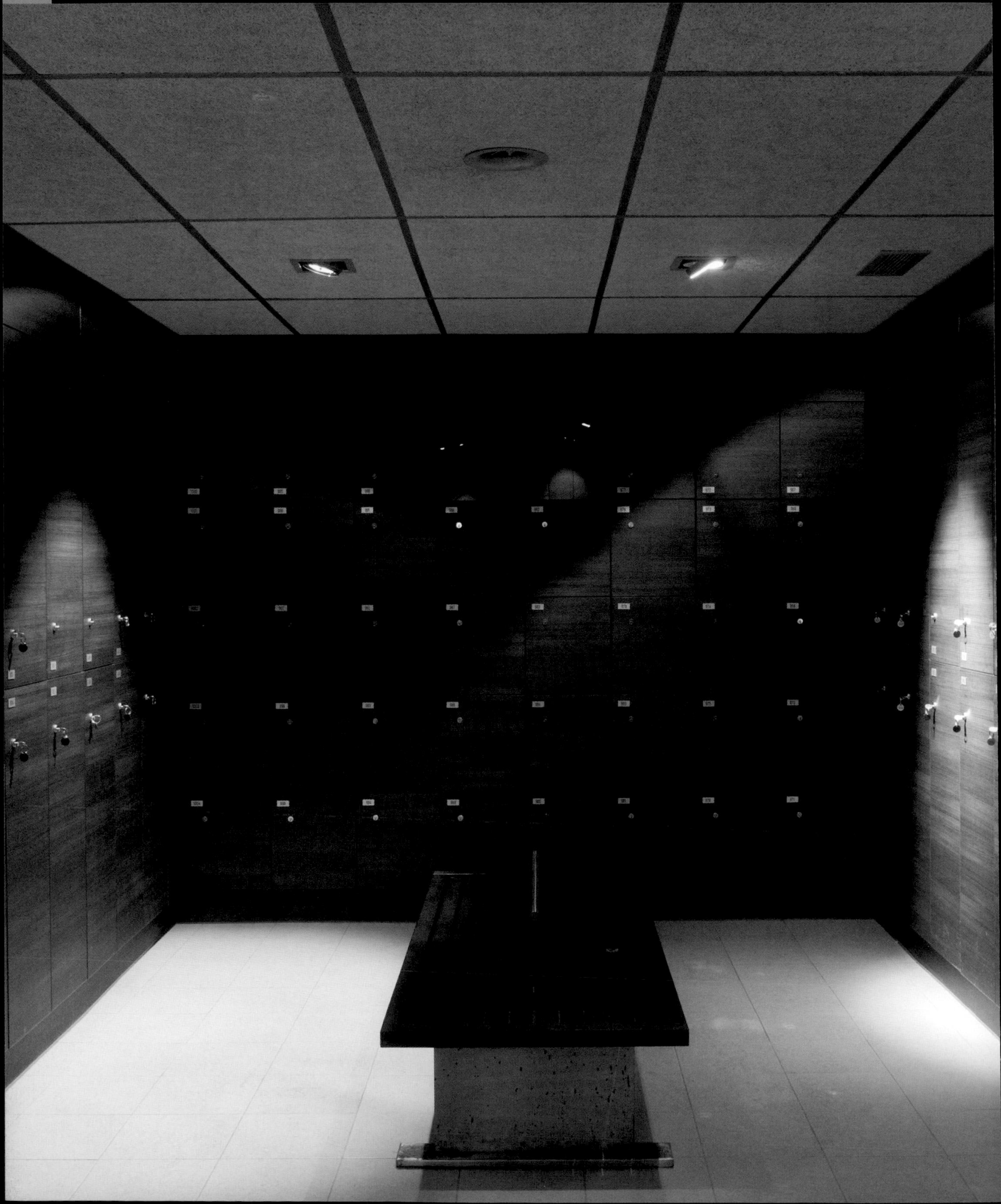

*Una piscina de 25 m, saunas, baños turcos, jacuzzis y
camas de agua conforman el eje de este spa.*

*A 82 feet pool, saunas, Turkish baths, Jacuzzis and
water beds are essential items in this spa.*

Caroli Health Club La Moraleja | Madrid, Spain

Colombo & Associates SRL

Photos © Pablo Alemán

Regido por un concepto de bienestar en el que confluyen la actividad física y la relajación, este club integra en sus instalaciones gimnasio y spa como dos partes inseparables de una vida saludable.

Acorde con la filosofía de esta cadena de origen italiano, en el nuevo centro de La Moraleja se admiten solamente 500 socios, a los que se les diseña tratamientos a medida, a cargo de un numeroso cuerpo de entrenadores y especialistas de la salud.

En las tres plantas del club de amplios espacios y estilo zen predominan la madera, la piedra, el hormigón visto (en los suelos), y los colores neutros (en las paredes y los techos).

Concebido para liberar tensiones a través de juegos de agua, luz, aromaterapia y contrastes térmicos, el spa, que comparte planta con el centro de estética, se organiza en circuitos de relajación y estimulación. Los programas incluyen tratamientos con hidromasaje para eliminar la tensión, camas de agua revitalizantes, sauna finlandesa para eliminar toxinas, *hammam*, terapias de contraste y duchas de aromaterapia.

Todos los recorridos finalizan en el área de relax, donde cuerpo y mente asimilan los beneficios de una jornada merecidamente dedicada a la serenidad.

Ruled by an idea of well being in which physical activity and relaxation come together, this club counts with gym and spa as the two inseparable parts of a healthy life.

In agreement with the philosophy of this Italian chain, the new La Moraleja center admits only 500 members. A personalized treatment is designed for each one of them by a large body of trainers and health specialists.

In the three stories of this club of wide spaces and Zen style, wood, stone, cement in plain view (on the floor), and neutral colors (in walls and ceilings) predominate.

Conceived to liberate tensions through water games, light, aromatherapy and thermal contrasts, the spa is organized in circuits of relaxation and stimulation. The esthetic center is on the same floor. Programs include hydromassage treatments to release stress, revitalizing water beds, Finnish sauna to eliminate toxins, *hammam*, contrast therapies and aromatherapy showers.

All routes end in the relaxation area, where body and mind assimilate the benefits of a day deservedly dedicated to serenity.

www.carolihealthclub.com

Los tres circuitos del spa incluyen el recorrido Kneipp, que consiste en un juego de contrastes de agua fría-agua caliente a distintas presiones.

The three spa circuits include the Kneipp route, consisting of a play of contrasts between cold and hot water at different pressures.

Aspria Spa & Sports | Berlin, Germany

Fletcher Priest Böesl Architekten (renovation)

Photos © Jan Bitter Fotografie

Tras una profunda reforma estructural, el Aspria de Berlín ha adquirido una nueva dimensión. El club, uno de los más grandes de su clase en la ciudad, está situado en una pequeña calle lateral de la concurrida zona comercial Kurfuerstendamm. La heterogeneidad característica de este barrio que alberga desde casas sociales hasta oficinas, supermercados y concesionarias de coches ha sido reflejada por los arquitectos en el nuevo diseño. Por eso se ha dado al edificio un carácter industrial y se le ha asignado una identidad diferente a cada uno de sus espacios interiores.

La piscina de acero inoxidable de 25 m de longitud se inscribe en un entorno de amplios espacios dominados por el metal, en tanto que el sector *fitness* se distingue por la presencia de colores plenos y vibrantes, acordes con el tipo de actividad allí realizada.

El spa, por su parte, se define por la calidez de sus espacios, revestidos de madera y con una estética oriental. Los 2.000 m² de la zona de tratamientos incluyen hidromasajes, dos saunas, un *sanarium* con cromoterapia y aromaterapia, baños de vapor, sala de hielo, una fantástica terraza con jardín de 600 m² y un *wellness bistrot* especializado en platos diseñados para una alimentación balanceada.

After a complete structural reformation, Aspria Berlin has acquired a new dimension. The club, one of the largest of its kind in the city, is located in a small side street of the crowded commercial area of Kurfuerstendamm. The heterogeneity of this neighborhood which holds various buildings that range from family houses to offices, supermarkets and car dealers has been reflected by the architects in the new design. That is why the building has an industrial character and has been assigned a different identity in each of its inner spaces.

The stainless steel swimming pool is 82 feet long and surrounded with wide spaces dominated by metal, while the fitness sector is characterized by the presence of full, vibrant colors which agree with the activities that take place there.

The spa is defined by the warmth of its spaces, covered in wood and with an oriental aesthetic. The 21,500 square feet treatment area includes a whirlpool bath, two saunas, a *sanarium* with chromotherapy and aromatherapy, steam baths, an ice room, a fantastic terrace with a 6,450 square feet garden and a wellness bistro specialized in dishes that are conceived for balanced nutrition.

www.aspria.com

Masajes suecos, tailandeses y terapias con piedras calientes son algunos de los tratamientos que se ofrecen en el Oasis Day Spa del Aspria

Swedish and Thai massages, and warm stone therapies are some of the treatments offered at the Oasis Day Spa at the Aspria.

Cada espacio tiene su identidad: aires industriales en la piscina, atmósfera zen en el spa y colores vibrantes en el área fitness.

Each space has its own identity: industrial airs in the swimming pool, Zen atmosphere in the spa and vibrant colors at the fitness area.

El área de fitness *incluye 4 gimnasios, más un espacio "Mente y Cuerpo" y una piscina de acero inoxidable, de 25 metros de longitud*

The fitness area includes 4 studios, separate Mind & Body Studio, fully air conditioned fitness area and 82 feet swimming pool.

Tapiola | Espoo, Finland

Nurmela, Raimoranta, Tasa Architects

Photos © Antti Luutonen

Tapiola fue diseñada en la década de los 60 como una ciudad jardín con una piscina central y varios edificios públicos en sus alrededores. Gracias a sus particulares características, el área ha sido declarada de interés histórico por el gobierno finlandés y, por tal motivo, la piscina y sus alrededores están protegidos.

En ese contexto, la reciente remodelación ha respetado la estructura central original, cuyas paredes de cristal abren el edificio hacia el bosque que lo rodea y deja pasar la luz natural.

El sector nuevo de la piscina de Tapiola se extiende en un ala de reciente construcción que se conecta al viejo edificio con una rampa de cristal. Allí, un gimnasio permanece suspendido del techo por encima de una nueva piscina. Debajo de la tribuna de la piscina principal, donde anteriormente se alojaban los equipos de tratamientos de aguas, se han instalado las saunas y los *jacuzzis*.

Además, la piscina exterior ha sido acondicionada para ser usada durante el invierno. Los nadadores pueden salir de la piscina interior principal a través de un *lobby* herméticamente cerrado hasta llegar a la piscina exterior que se mantiene a más de 4 °C en un ambiente cuya temperatura alcanza los -10 °C.

Tapiola was designed during the 60s as a garden city with a central pool and a number of public buildings around it. Thanks to its peculiar characteristics, the area has been declared of historical interest by the Finnish government and, for that reason, the pool and its surroundings are protected.

In this context, the recent renovation has respected the original central structure, whose glass windows open the building out to the forest around it and allow the natural light to come in.

The new sector of the Tapiola pool extends over one wing of recent construction that is connected with the old building by a glass ramp. Right there, a gym is suspended from the ceiling, thus hanging above a new pool. Underneath the tribune that looks over the main pool, the room that used to hold the water treatment plant now holds the saunas and Jacuzzis.

Aside from this, the outside pool is heated so that it can be used in winter. Swimmers can exit the inside swimming pool through a lobby that is hermetically sealed until they reach the outside pool that remains at a temperature of 39 °F in an atmosphere whose temperature reaches 14 °F.

La piscina exterior, que puede ser usada en invierno,
se conecta con el interior del edificio a través de una
rampa herméticamente cerrada.

The outside swimming pool, which can be used
during winter, is connected with the inside of the
building through a hermetically sealed ramp.

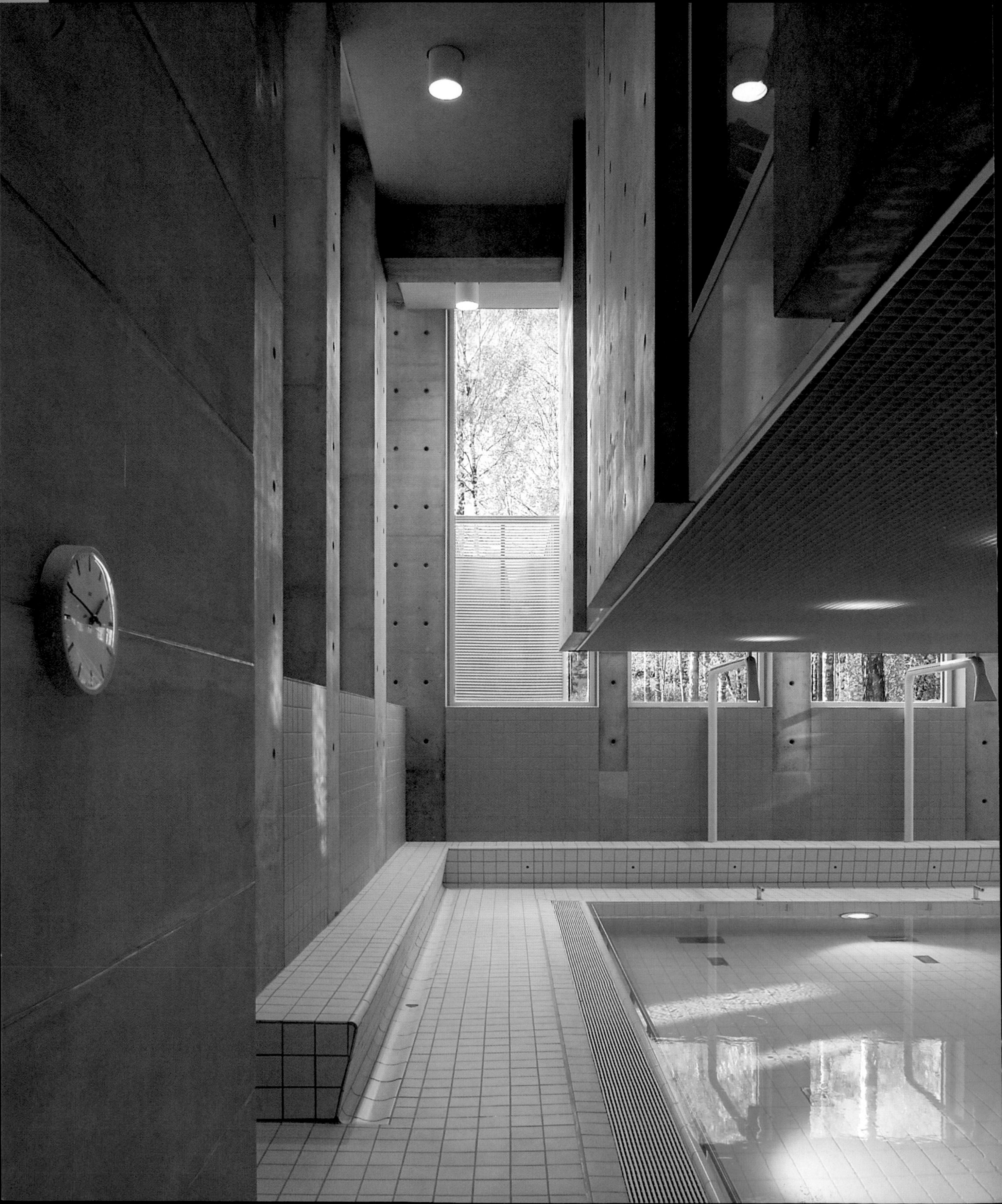

El gimnasio permanece suspendido del techo por encima de una nueva piscina y de la zona de jacuzzis.

The gym is suspended from the ceiling and towers over a new pool and the Jacuzzi area.

SpaciOmm | Barcelona, Spain

Sandra Tarruella & Isabel López

Photos © Lourdes Jansana, Eva Balart, Anne Soderberg, Olga Planas

El Hotel Omm, situado a pocos metros del céntrico y elegante Paseo de Gracia de Barcelona, es un referente de calidad y diseño. Su recientemente inaugurado spa, SpaciOmm, goza del mismo espíritu minimalista que predomina en el edificio proyectado por el arquitecto J. Capella.

En SpaciOmm las líneas puras adquieren un tono oriental y los tonos cálidos y los materiales naturales predominantes en la decoración generan un ambiente de puro relax y armonía.

El circuito termal del spa consta de una piscina activa con camas de relajación dentro del agua, cascada, chorros de tratamiento, baño *hammam*, fuente de hielo, y pediluvio con rutas de lluvia.

El otro eje de terapias se aloja en las cabinas equipadas para tratamientos especializados de inspiración ayurvédica, turca y holística.

Un gimnasio y una peluquería, así como un bar de zumos naturales y tónicos hidratantes, completan los servicios de este spa de 400 m² y carácter intimista.

A few steps off the elegant and central Paseo de Gracia in Barcelona, Hotel Omm is a reference of quality and design. Its recently inaugurated spa, SpaciOmm, enjoys the same minimalist spirit that predominates in the building, designed by architect J. Capella.

In SpaciOmm, simple lines acquire an oriental atmosphere and warm colors and natural materials, predominant in the decoration, generate an environment of absolute relaxation and harmony.

The spa's thermal circuit consists of an active pool with relaxation stretchers inside the water, a waterfall, treatment jets, a *hammam* bath, an ice fountain and a foot bath with rain routes.

Another therapy center is located in the cabins that are equipped for treatments specialized in Ayurvedic, holistic and Turkish inspiration.

A gym and a beauty parlor, as well as a bar that serves natural fruit juices and hydrating tonics, complement the services of this 4,300 square feet spa with an intimate personality.

www.hotelomm.es

*Realizados con productos procedentes de varios países,
los rituales destinados a mitigar los estados anímicos
bajos forman parte de los tratamientos del SpaciOmm.*

*Using products that come from various countries, the
rituals designed to mitigate low moods are part of
the treatments offered at SpaciOmm.*

Hotel Arts Spa | Barcelona, Spain

GCA Arquitectes Associats

Photos © Jordi Miralles, Imanol Sistiaga

Ubicado en las plantas 42 y 43 del Hotel Arts, The Spa ocupa 900 m² que conforman un escenario de puro bienestar y una plataforma privilegiada desde la cual se pueden contemplar unas excepcionales panorámicas del litoral barcelonés.

La ambientación intimista erige este spa de la marca Six Senses como un refugio en las alturas diseñado especialmente para la entrega a los efectos balsámicos y purificadores de las terapias allí ofrecidas. Apenas se traspasa el *hall*, el frenético ritmo de la vida diaria se apacigua ante el sillón de forma escultórica y la luz tenue que anuncia el carácter relajante del espacio.

Desde la recepción se accede a los vestuarios, las zonas de aguas, las cabinas de tratamientos y las salas de relax para hombres y mujeres. En el espacio común se sitúan tanto la escalera que conecta con la planta 42 como las fuentes que recogen el agua que cae desde el techo.

Los materiales predominantes como la piedra negra, el revestimiento en relieve de la piscina y los visillos que cubren las ventanas crean un ambiente fantástico que ayuda a evadir la mente. La zona de aguas está compuesta por un cuarto de sauna, otro de vapor, piscinas de vitalidad y fuentes de hielo que permanecen en contacto visual con el exterior, un vínculo que alcanza su punto culminante en la terraza, donde se experimenta una ilimitada sensación de libertad.

Located at floors 42 and 43 of the Hotel Arts, the Spa occupies 9,690 square feet, a space of pure wellbeing and a privileged platform from which one has an exceptional panoramic view of Barcelona and the coast.

The intimate setting of this spa by Six Senses turns it into a sort of refuge high above, designed especially for surrendering to the balsamic and purifying effects of the therapies that are offered there. Once the hall is crossed, the frantic rhythm of daily life is appeased before the sculptural armchair and the faint light that talks about the relaxing character of the space.

From reception one can access the dressing rooms, the wet areas, the treatment cabins and the relaxation rooms for men and women. At the common space one finds both the staircase connecting to floor 42, and the fountains that collect the water that falls from the ceiling.

The predominant materials, like black stone, the relief coating of the pool and the lace curtains that cover the windows create a fantastic ambiance that helps the mind to escape. The wet zone contains a sauna, a steam room, vitality pools and ice fountains all of which offer an outside view. This generates a link that reaches its peak in the terrace, where it is possible to experience an unlimited sense of freedom.

www.hotelartsbarcelona.com

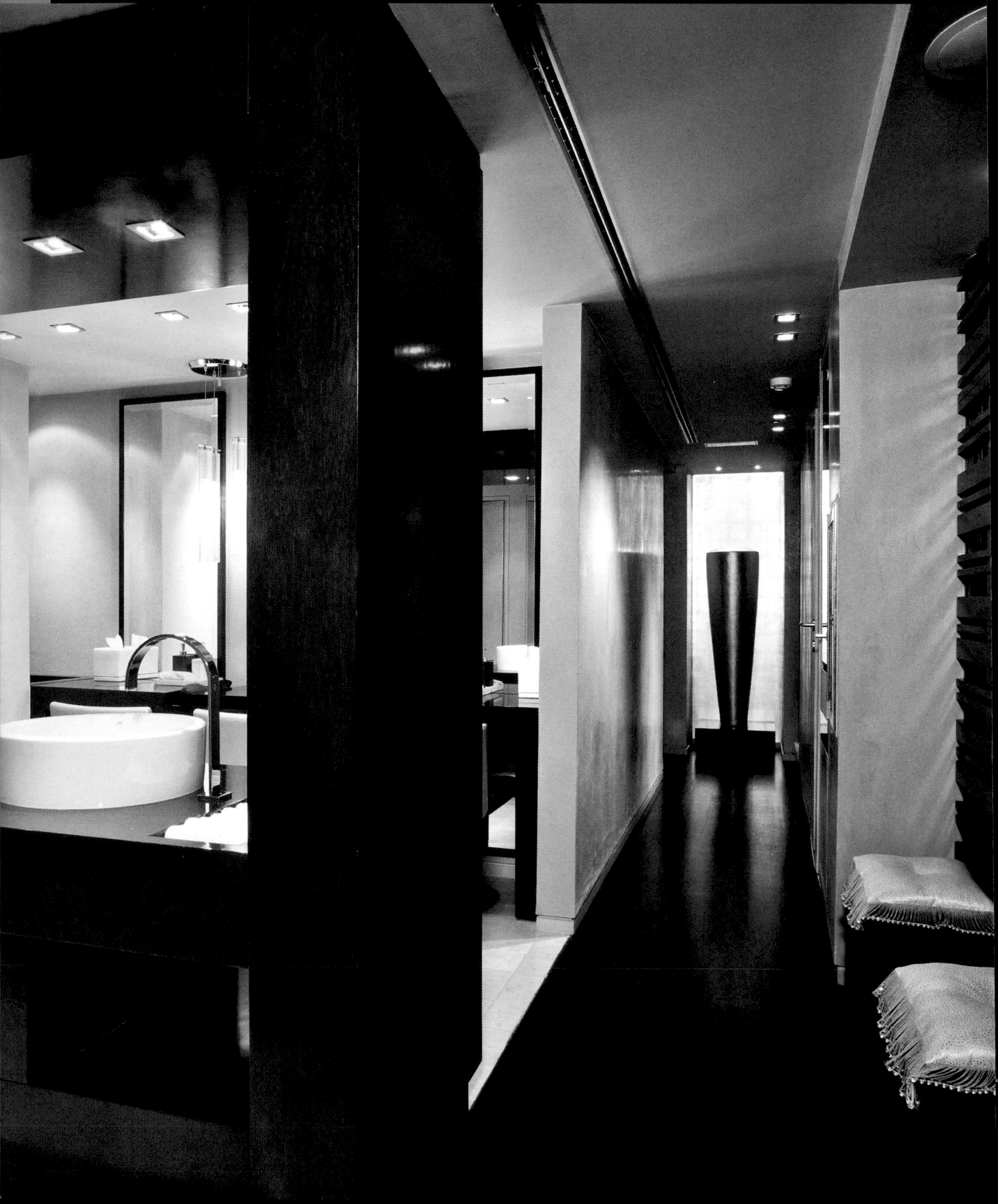

La gama de colores y el mobiliario del spa conforman un ambiente vanguardista cálido.

The range of colors and the furniture used throughout the spa give the place a warm vanguard feeling.

Wave Urbanspa | Verona, Italy

Pagani & Di Mauro Architetti

Photos © Dario Lasagni

El Wave Urbanspa es un espacio en medio de la ciudad construido especialmente para ofrecer todas las actividades comprendidas en el concepto de *wellness*, con el objetivo final de armonizar cuerpo y espíritu.

Por eso, en su diseño se ha cuidado especialmente la coherencia cromática, conseguida gracias a la alternancia del *beige* y el marrón como colores predominantes, unas veces en revestimientos y pintura, y otras en el uso de materiales naturales como la madera y la piedra.

Una escalera helicoidal tenuemente iluminada distribuye los espacios. En la planta baja, el pequeño *hall* de bienvenida da paso al área en el que se aloja la piscina central y un jardín japonés.

En el primer piso se encuentran el sector de tratamientos, compuesto por las salas de masajes, y el área húmeda, presidida por un *hammam* –la única excepción a la pauta del color– revestido de verde gracias al mármol travertino y a los mosaicos que rememoran las primeras termas romanas.

Wave Urbanspa is a space in the middle of the city, especially built to offer all the activities comprised in the concept of wellness, with the purpose of harmonizing body and spirit.

That is why special attention has been given to the chromatic coherence of its design. This is achieved by alternating beige and brown as predominant colors, sometimes in coatings and painting, and other times in the use of natural materials as wood and stone.

A dimly lit helicoidal staircase distributes the spaces. On the ground floor, the small welcome hallway leads the way to the area where the main pool and the Japanese garden lie.

On the first floor one finds the treatment area that includes the massage rooms and the wet area, presided by a *hammam* –the only exception to the color pattern–, coated in green because of the travertine marble and the mosaics that remind one of the first Roman baths.

www.waveurbanspa.it

La piscina principal y un jardín japonés ocupan la planta baja.

The main pool and a Japanese garden occupy the ground floor.

Los materiales predominantes son el mármol
travertino y los mosaicos.

*The predominant materials are travertine marble
and mosaics.*

Notos Spa | Calabria, Italy

Pagani & Di Mauro Architetti

Photos © Dario Lasagni

El Altafiumara es el único hotel de lujo de la región de Calabria. Ubicado en un espléndido escenario natural a los pies del canal de Messina y la Costa Viola, el establecimiento se nutre de la idiosincrasia de los pintorescos pueblos lindantes en los que se respira el auténtico espíritu del sur de Italia.

El Altafiumara es un antiguo castillo que ha sido adaptado a los estándares de la hotelería moderna y, como tal, aloja al Notos Spa, un espacio de más de 1.000 m², dotado de una estética contemporánea de líneas puras y colores serenos.

El agua es el hilo conductor a través del cual se articulan todas las actividades del spa desde una pequeña cascada que continúa en un filamento de agua hasta las piscinas de diferente tamaño realizadas con piedra Biara y mosaicos. La piscina principal, equipada con chorros de *jacuzzi*, está dividida por una pared de cristal: media piscina queda bajo techo, junto a la zona de relax, y la otra mitad mira hacia el exterior convirtiéndose en un balcón de agua con vistas a la campiña.

The Altafiumara is the only deluxe hotel in the Calabria region. Located in a splendid natural setting by the Messina strait and the Costa Viola (Purple coast), this establishment is nurtured by the idiosyncrasy of the picturesque nearby towns in which one can find the authentic spirit of southern Italy.

The Altafiumara is an ancient castle that has been adapted to the standards of the modern hotel industry and, as such, it holds the Notos Spa, a space of over 10,800 square feet, provided with a contemporary esthetics of pure lines and serene colors.

Water is the thread around which all activities in the spa are articulated, from the tiny waterfall that continues in a filament of water, until the pools of different sizes that are built with Biara stone and mosaics. The main pool, equipped with Jacuzzi jets, is divided by a glass wall: half of it is under a roof, near the relaxation zone, and the other half looks outside thus becoming a water balcony with views on the open country.

www.altafiumara.it

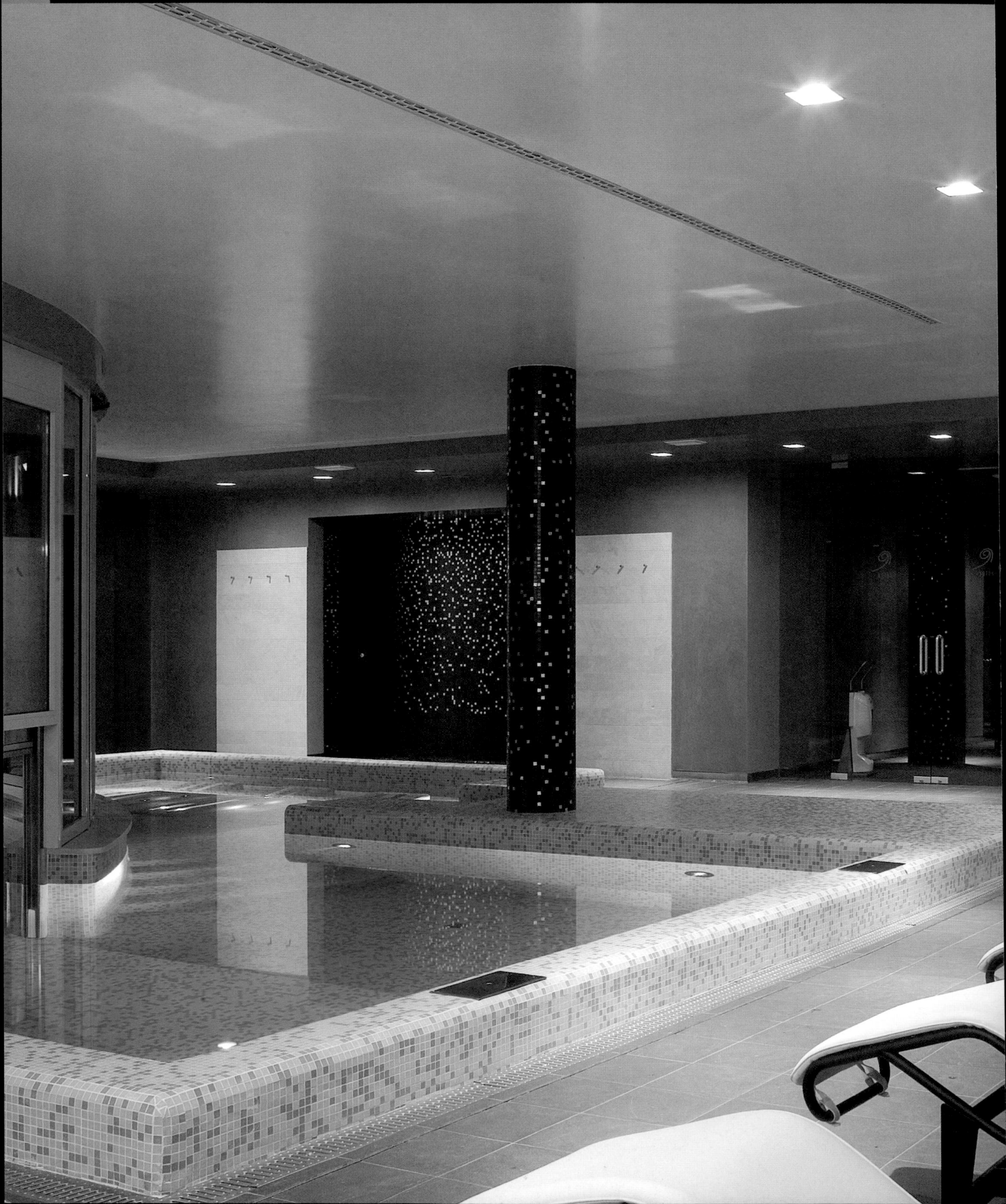

El primer nivel del spa está completamente dedicado
a los masajes y otros tratamientos para el cuidado
del cuerpo.

The spa's first floor is completely dedicated to
massages and other treatments for body care.

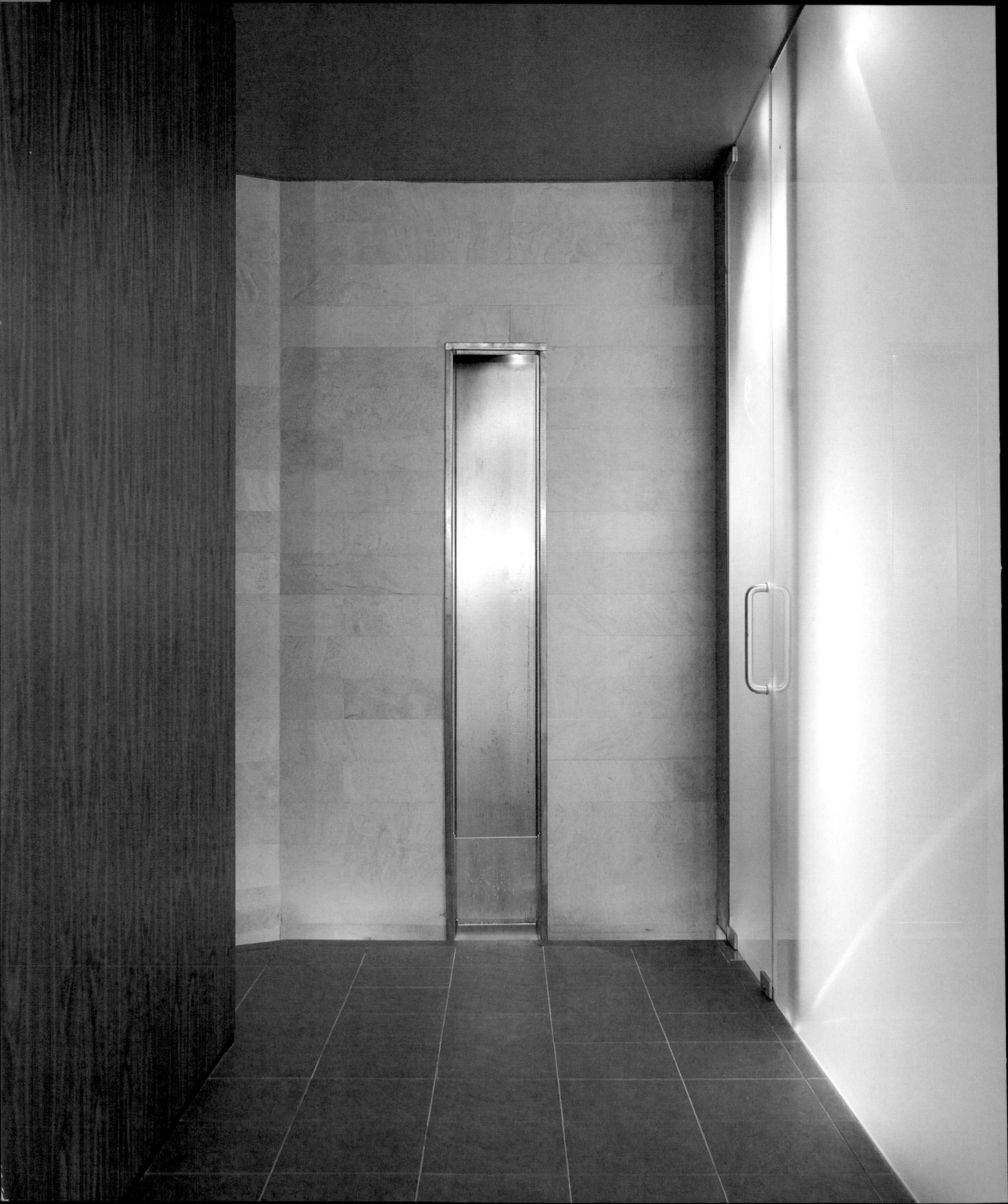

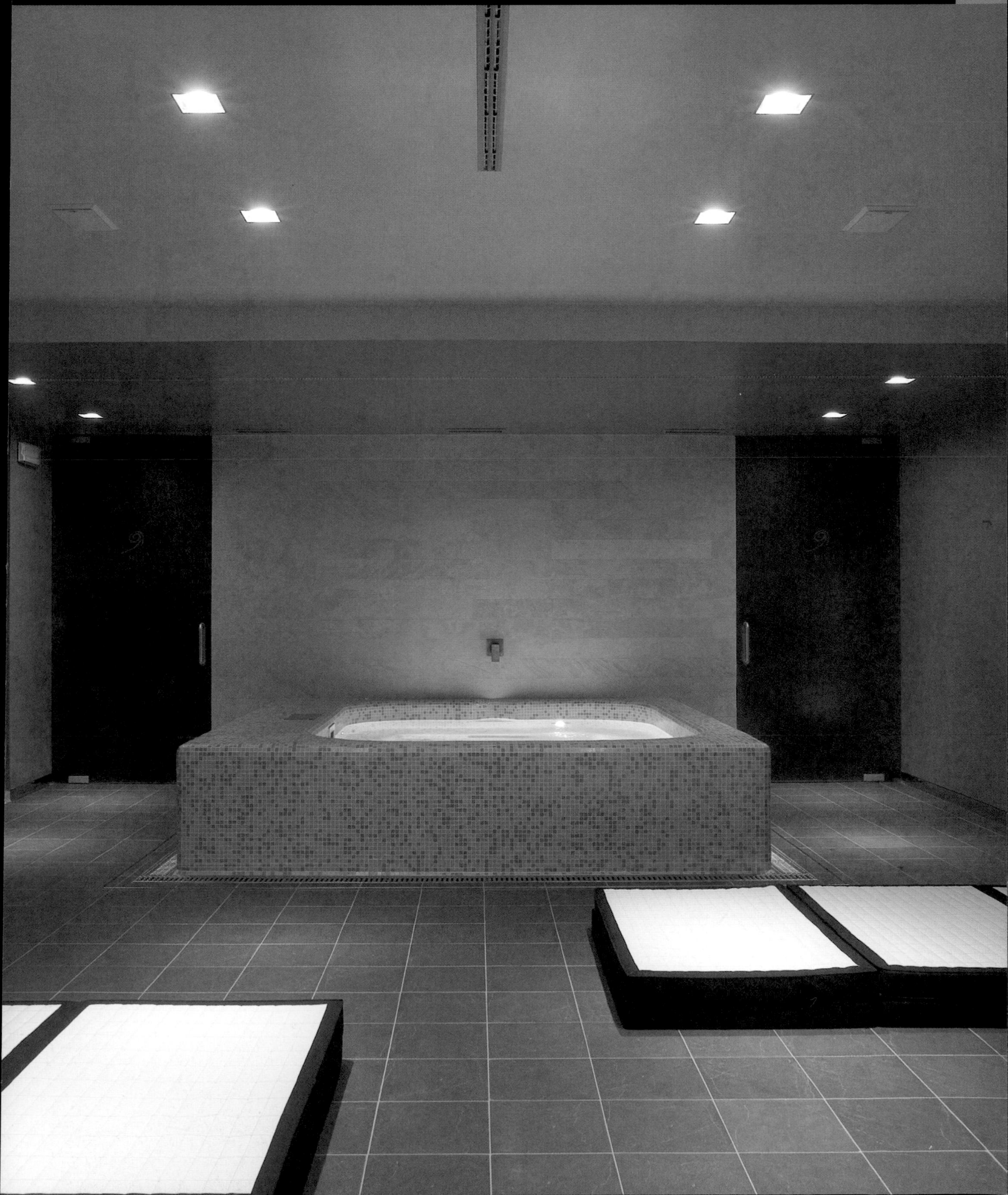

Spa Paraiso at the Aleph | Rome, Italy

Adam D. Tihany/Tihany Design

Photos © Alberto Ferrero, Boscolo Hotels

En pleno corazón de Roma, muy cerca de la Via Veneto, el hotel Aleph transita esa delgada línea que existe entre los polos opuestos del bien y el mal, y monta un viaje a través del infierno, del purgatorio y del paraíso en una muy personal interpretación de la *Divina Comedia* de Dante Alighieri.

Obviamente, el spa se encuentra en el nivel de los que se merecen el descanso eterno, muy cerca de la terraza que se abre al cielo con impactantes vistas de la ciudad.

Abierto a huéspedes y visitantes externos del hotel, la oferta del spa incluye tratamientos con chocolate derretido, limpieza de piel con miel y harina de maíz, *shiatsu*, masajes ayurvédicos y reflexología china. Saunas, baños turcos y una piscina termal con hidromasaje se complementan con un pequeño pero equipado gimnasio.

La piscina está formada por dos vasos comunicantes, uno largo y estrecho y otro muy amplio con escalones que sirven como área de reposo. El revestimiento con mosaicos de Bisazza de color azul, en combinación con el acero y la iluminación puntual, genera un ambiente casi celestial, en honor al nombre de este espacio de bienestar.

Located at the heart of Rome, very near Via Veneto, hotel Aleph crosses that thin line that exists between the opposite poles of good and evil, and starts a journey through hell, purgatory and paradise, in a very personal interpretation of Dante's *Divine Comedy*.

Evidently, the spa is at the level of those that deserve eternal rest, very near the terrace that opens up to the sky with shocking views over the city.

Open to guests and to external visitors of the hotel, the spa's offer includes treatments with melted chocolate, skin cleansing with honey and corn flour, shiatsu, Ayurvedic massages and Chinese reflexology. Saunas, Turkish baths and a thermal whirlpool are complemented by a small but well equipped gym.

The pool is formed by two communicating vessels, one long and thin, the other one very wide with steps that serve as a rest area. It is covered in blue colored Bisazza mosaic which, in combination with the steel and the specific illumination, generates a nearly celestial atmosphere that honors the name of this space of wellbeing.

www.aleph.boscolohotels.com

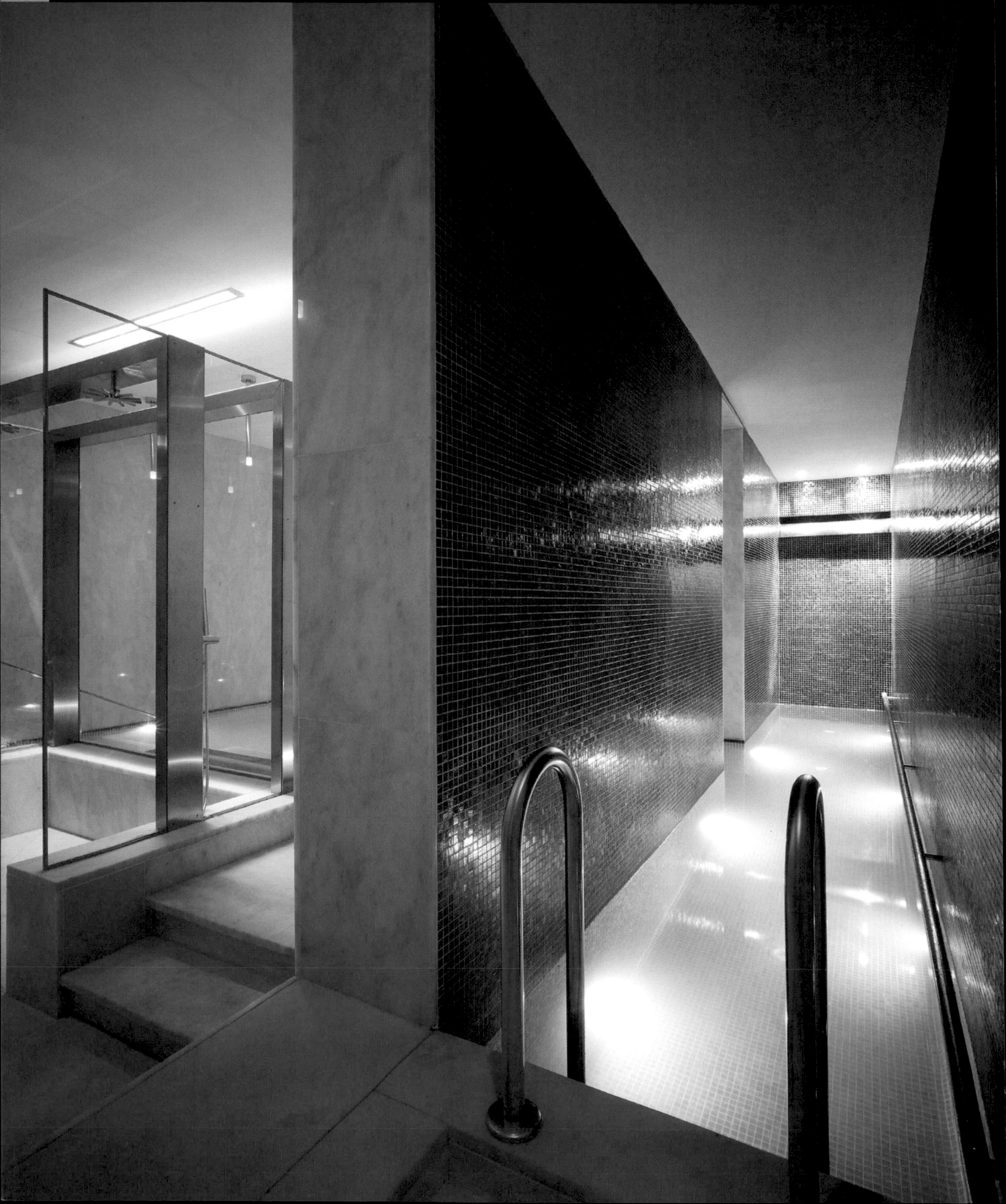

El revestimiento de mosaico de color azul y la iluminación puntual generan una atmósfera casi celestial, en honor al nombre del spa.

The blue mosaic tiling and precise lighting create an almost celestial atmosphere, honoring the spa's name.

New York Palace Hotel Spa | Budapest, Hungary

Simone Micheli

Photos © S.M.A.H.

Este spa del New York Palace Hotel de Budapest es un escenario de teatralidad seductora, concebido como una experiencia sensorial en la que la realidad se mezcla con lo onírico.

Con una estética contraria al lujo decimonónico (caracterizado por el uso del mármol, del bronce y de las arañas) que identifica al hotel que lo alberga, el spa ha sido diseñado para producir un efecto relajante gracias a sus formas fluidas.

Las paredes, revestidas con plástico, son superficies dinámicas construidas con yeso. Gracias a los acabados con resina blanca brillante adoptan formas orgánicas y provocan un juego de luces y sombras que las aliviana visualmente. El suelo es de pizarra negra y los ambientes están divididos con placas transparentes que presentan impresiones fluorescentes.

El espacio se divide en saunas, cabinas de tratamientos, gimnasio, baños de vapor y zona de agua. En este entorno destaca la piscina, que, revestida con mosaico marrón y plateado brillante, cuenta con una superficie de apoyo para servir cócteles y con luces interiores, las cuales, manejadas por un programa informático, crean efectos sobre la superficie del agua. La cascada escenográfica que se precipita desde el techo y la música que se escucha debajo del agua convierten esta piscina en la protagonista indiscutible de este particular centro del bienestar.

This spa, at the New York Palace Hotel in Budapest, is a scenario of seductive drama, conceived as a sensory experience in which the reality is mixed with the dream world.

With an esthetic opposite to 19th century luxury (characterized by the use of marble, bronze and chandeliers), the exact style of the hotel in which it is placed, the spa has been conceived to produce a relaxing effect by means of its fluid shapes.

The walls, covered in plastic, become dynamic surfaces built with plaster. Thanks to the finishes in bright, white resin, they adopt organic shapes and provoke a play of lights and shadows that makes them visually lighter. The floor is made of black slate and the environments are divided by transparent plates that have fluorescent imprints.

The space is divided into saunas, treatment cabins, a gym, steam baths and a wet zone. In this context, the pool, covered by brown and bright silver mosaic, stands out; it has a flat plate used as a bar to serve cocktails, and also lights managed by a computer program that create effects on the water surface. The waterfall, part of the set design, falls from the roof, and the music can be heard underwater. All of these traits turn the pool into the undisputed protagonist of this peculiar center of wellbeing.

www.boscolohotels.com

Gracias a su diseño de formas fluidas y colores relajantes, el spa del New York Palace Hotel es una terapia en sí mismo.

Thanks to its design of fluid shapes and relaxing colors, the spa at the New York Palace Hotel is a therapy in itself.

Las duchas con hidromasaje para liberar la tensión de los hombros están separadas por paredes transparentes que tienen impresiones fluorescentes.

The showers with hydromassage to release shoulder tension are divided by transparent walls with fluorescent imprints.

Thermae Bath Spa | Bath, United Kingdom

Grimshaw Architects

Photos © Matt Cardy, Nick Smith, Edmund Sumner

La ciudad de Bath, al sudoeste del Reino Unido, es famosa por su arquitectura georgiana, pero mucho más por sus baños de aguas minerales. Ya en el siglo I los romanos dieron a esta zona el nombre de "Aquae Solis" (aguas en el sol), aunque hay indicios de que antes de la llegada del imperio los celtas consagraban este manantial a la diosa Sulis.

Pero es el en siglo XVIII cuando la ciudad alcanza su esplendor gracias a los magníficos edificios georgianos del arquitecto John Wood y de su hijo. Para ese entonces, Bath se convierte en el destino termal de moda para la clase acomodada británica.

Dos siglos más tarde, y tras haber permanecido cerrado durante 28 años, el Thermae Bath se reabrió en 2006 totalmente remodelado, devolviendo así a la ciudad su barrio termal. Los arquitectos reformaron cinco edificios existentes (Cross Bath, Hot Bath, Hetling Building, Bath Street y 8th Bath Street) y construyeron uno totalmente nuevo. Se trata del New Royal Bath, el cual aloja dos piscinas: una interior, que dispone de hidromasajes, y otra que, ubicada en el tejado, cuenta con espectaculares vistas.

El resultado global es un juego de contrastes arquitectónicos: las semitransparencias del moderno cristal resaltan sobre la piedra, el granito y la madera que han permanecido allí por siglos.

The city of Bath, in the southwest of the United Kingdom, is famous for its Georgian architecture, but even more so for its mineral water baths. In the 1st century, Romans gave this area the name of "Aquae Solis" (waters in the sun); nonetheless, there is evidence that before the arrival of the Empire, the Celts consecrated this spring to the goddess Sulis.

But it was only until the 18th century that the city reached its splendor thanks to the magnificent Georgian buildings designed by architect John Wood and his son. At that time, Bath became the trendy thermal destination for the British upper class.

Two centuries later, and after having remained closed for 28 years, Thermae Bath reopened in 2006, totally renovated, and the thermal bath was returned to the city. Architects reformed five existing buildings (Cross Bath, Hot Bath, Hetling Bath, Bath Street and 8th Bath Street) and built a completely new one. The New Royal Bath holds two pools, one inside that features a whirlpool, and another one, on the roof, that has breathtaking views.

The overall result is a play of architectural contrasts: the semi transparencies of modern glass stand out over the stone, granite and wood, which have remained there for centuries.

www.thermaebathspa.com

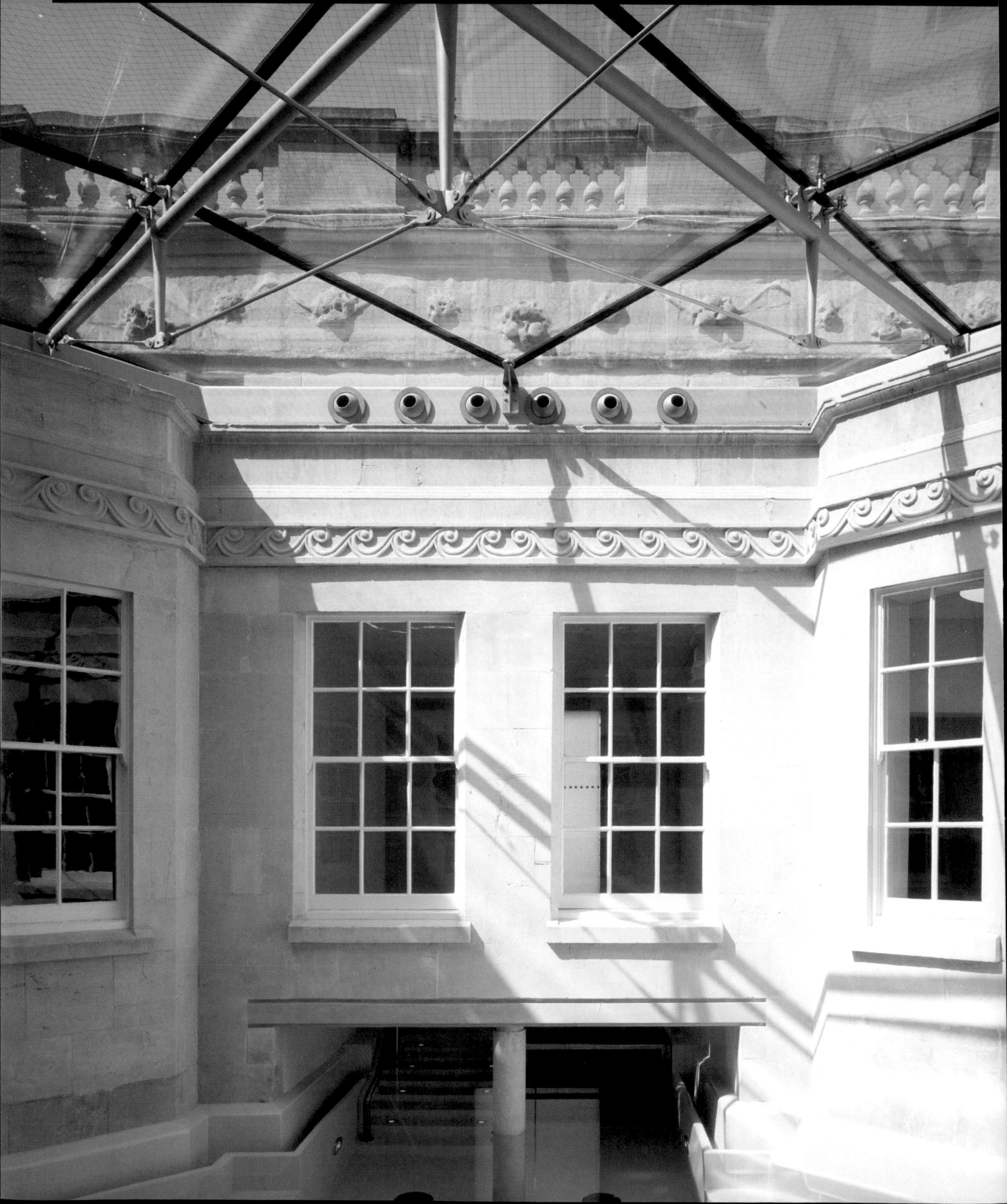

Desde la gran piscina situada en la terraza es posible gozar de unas espectaculares vistas de la elegante ciudad de Bath.

From the pool located on the rooftop one can enjoy breathtaking views of the fancy city of Bath.

Se cree que el agua de estas termas cayó como lluvia hace 10.000 años y se depositó a 2 km de la superficie de la Tierra.

It is believed that the water from these hot springs fell as rain 10,000 years ago and was stored 1.25 miles below the surface of the earth.

ESPA de Gianfranco Ferré | Milan, Italy

ESPA

Photos © Paola Di Pietri, Bisazza

Como parte de la "intensa búsqueda de la belleza" a la que está dedicada la vida del diseñador italiano Gianfranco Ferré, este spa se presenta como un remanso de salud y belleza en plena ciudad de Milán, en el que confluyen la moda y el bienestar.

La estética del spa, situado en la parte trasera de la tienda de la Via Sant'Andrea, mantiene la identidad que caracteriza a Ferré: lujo y sobriedad. Las paredes revestidas de cemento pulido y madera brillante alternan con la piedra original del local. Los mosaicos, de tonos marrón, bronce y oro, creados exclusivamente para este local por Bisazza, dominan en las duchas, los suelos y la morisca habitación de vapor.

La luz funciona de acuerdo a una lógica de cromoterapia, gracias a unos tubos de neón invisibles que cambian de color, intensidad y matiz según la hora del día y el área de tratamiento. Desde una perspectiva holística, los tratamientos son el resultado de la fusión de técnicas de antiguas culturas y filosofías de todo el mundo con los adelantos tecnológicos de la actualidad.

Ya sea para purificarse, revitalizarse, restablecer la armonía del cuerpo y de la mente o relajarse, este spa, que recibe solamente seis personas por vez, elabora tratamientos exclusivos para cada cliente en base a sus necesidades.

Part of the "intense quest for beauty", to which the life of Italian designer Gianfranco Ferré is dedicated, this spa is presented as a backwater of health and beauty in the middle of Milan, where fashion and wellbeing come together.

The spa, located in the back of the shop at Via Sant'Andrea, has an esthetic that continues with the characteristic identity of Ferré: luxury and sobriety. The walls are covered in polished cement and bright wood and they alternate with the original stone of the location. Mosaics in brown, bronze and golden tones, created exclusively by Bisazza, dominate in the showers, the floors and the Moorish steam room.

The light works following the logic of chromotherapy, thanks to some invisible neon tubes that change color, intensity and shade depending on the hour of the day and the area of treatment. From a holistic perspective, the treatments are the result of a fusion between techniques from ancient cultures and philosophies from the whole world, with the current technological advances.

Whether to be purified, revitalized, to reestablish the harmony of body and mind, or to relax, this spa, that admits only six people at a time, elaborates exclusive treatments for each customer based on his or her needs.

www.gianfrancoferre.com

El mobiliario de cuero beige y madera de nogal
caracteriza la sala de relajación, que dispone de vistas
al jardín interior.

The beige leather and walnut wood furniture
characterize the relaxation room which has views
over the inner garden.

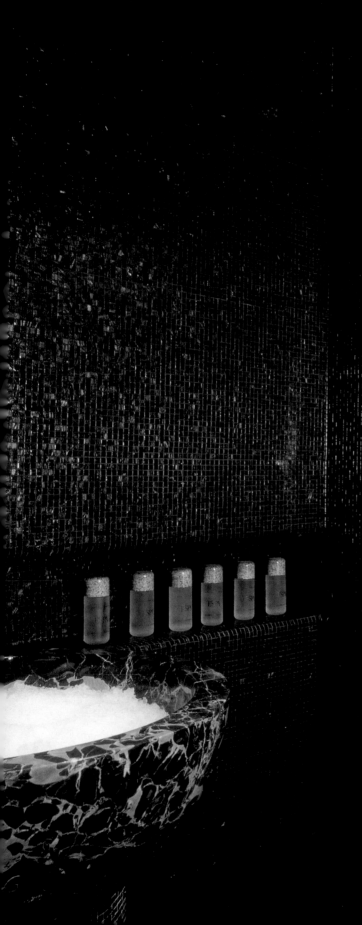
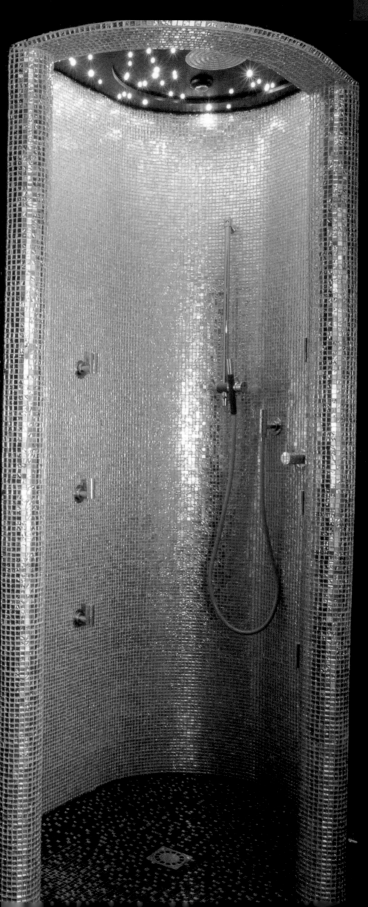

Alonso Balaguer y Arquitectos Asociados
Bac de Roda, 40
Barcelona 08019, Spain
T +34 93 303 41 60
estudi@alonsobalaguer.com
www.alonsobalaguer.com

Archisphere Architects and Designers
Neubaugasse, 44/2/13
Vienna 1070, Austria
T +43 1573 327 10
office@archisphere.at
www.archisphere.at

Atelier Mendini
Via Sannio, 24
Milan 20137, Italy
T +39 02 5518 5185
mendini@ateliermendini.it
www.ateliermendini.it

Colombo & Associates SRL
Viale Biancamaria, 13
Milan 20122, Italy
T +39 02 780 414
paolo.colombo@colombo-online.com
www.colombo-online.com

Corporate Edge
149 Hammersmith Road
London W14 0QL, United Kingdom
T +44 20 7855 5888
www.corporateedge.com

Daniel Jouvance
41 rue Camilla Desmoulins
3 allée de Grenelle
Issy-les-Moulineaux Cedex 92444, France
T +33 1410 85 500
www.danieljouvance.com

De Matos Storey Ryan Ltd
99-100 Turnmill Street
London EC1M 5QP, United Kingdom
T +44 20 7336 0100
mail@dmsr.co.uk
www.dmsr.co.uk

Dietrich Untertrifaller Architekten
Flachgasse 35-37
Vienna A-1150, Austria
T +43 5574 78888-0
arch@dietrich.untertrifaller.com
www.dietrich.untertrifaller.com

Douglas Wallace Architects
St Kevins Female School
1 Grantham Street
Dublin 8, Ireland
T +353 1 478 7500
dublindesign@douglaswallace.com
www.douglaswallace.com

Fadesa
Av. Alfonso Molina, s/n
Edificio Fadesa
A Coruña 15008, Spain
T +34 98 117 92 00
www.fadesa.es

Fletcher Priest Böesl Architekten
United Kingdom:
Middlesex House
34/42 Cleveland Street
London W1T 4JE, United Kingdom
T +44 20 7034 2200
enquiries@fletcherpriest.com
Germany:
Marsiliusstrasse 20
Cologne 50937, Germany
T +49 221 941 050
enquiries@fpb-europe.com
www.fletcherpriest.com

Frank Gehry & Partners
12541 Beatrice Street
Los Angeles, CA 90066, USA
T +1 310 482 3000
info@foga.com
www.foga.com

GCA Arquitectes Associats
Valencia 289
Barcelona 08009, Spain
T +34 93 476 18 00
info@gcaarq.com
www.gcaarq.com

Grimshaw Architects
57 Clerkenwell Road
London EC1M 5NG, United Kingdom
T +44 20 7291 4141
info@grimshaw-architects.com
www.grimshaw-architects.com

Halter Architekten AG
Rathausstrasse 2
Postfach 1439
Rapperswil SG 8640, Switzerland
T +41 055 220 62 62
www.halter-architekten.ch

Jestico & Whiles
1 Cobourg Street
London NW1 2HP, United Kingdom
T +44 207 380 0382
jk@jesticowhiles.com
www.jesticowhiles.co.uk

Les Cinq Mondes
51, Rue de la Chaussée d'Antin
75009 Paris, France
T +33 01 42 66 00 60
www.cinqmondes.com

Mario Botta
Via Ciani 16
Lugano CH-6904, Switzerland
T +41 91 972 86 25
info@botta.ch
www.botta.ch

Martin Kohlbauer ZT
Nestroyplatz 1/27
Vienna 1020, Austria
T +43 1 218 55 88
www.martinkohlbauer.com

Matteo Thun
Via Appiani 9, I
Milan 20121, Italy
T +39 02 655691
info@matteothun.com
www.matteothun.com

Michele Sweeney/Oppermann Associates
Unit D1, The Millhouse, The Steelworks
Foley Street
Dublin 1, Ireland
T +353 1 889 9800
architecture@oppermann.ie
www.oppermann.ie

Mireia Vila Merino
Rubí 16, 3ffl 3ffi
Palma de Mallorca 07002, Spain
T +34 97 171 80 84
mireia@mireiavila.com
www.mireiavila.com

Niki Szilagyi
Viktualienmarkt 8
Kustermannhaus, 6 floor
Munich D-80331, Germany
T +49 89 26949280
info@niki-szilagyi.de
www.niki-szilagyi.de

Nurmela, Raimoranta, Tasa Architects
Kalevankatu 31
Helsinski 01000, Finland
T +358 9 6866 780
ark.tsto@n-r-t.fi
www.n-r-t.fi

Pagani & Di Mauro Architetti
Via Emilia, 14
Ponte Enza - Reggio Emilia, Italy
T +39 0522 902145
studio@paganidimauro.com
www.paganidimauro.com

Patrice Reynaud
Route de Frontenex 78
Genève 1208, Switzerland
T +41 22 786 90 40
bureau@reynaud.ch
www.reynaud.ch

Plajer & Franz Studio
Erkelenzdamm 59/61
Berlin 10999, Germany
T +49 30 616 55 80
studio@plajer-franz.de
www.plajer-franz.de

Richter & Dahl Rocha Architects
Avenue Dapples 54
Lausanne CH-1001, Switzerland
T +41 021 612 01 01
architectes@rdr.ch
www.rdr.ch

Sandra Tarruella & Isabel López
Putget 6, local 8
Barcelona 08006, Spain
T/F +34 93 253 11 69
isabel@tarruellalopez.com
sandra@tarruellalopez.com
www.tarruellalopez.com

Schletterer Wellness & Spa Design GmbH
Bundesstrasse 190
Strass 6261, Austria
T +43 5244 62005
office@schletterer.com
www.schletterer.com

Schnögass & Partner Ziviltechniker
Hietzinger Hauptstraße 122b
Vienna 1130, Austria
T +43 1 877 77 78
office@splusn.at
www.splusn.at

Simone Micheli
Via Aretina 197r/199r/201r
Florence 50136, Italy
T +39 05569 12 16
simone@simonemicheli.com
www.simonemicheli.com

Studio Tecnico di Architettura Lorenzo Bellini Associates di L. Bellini
Via Umberto Moricca, 90
Rome 00167, Italy
info@lorenzobellini.com
www.lorenzobellini.com

The Syntax Group
The Old Boathouse
Mill Lane, Taplow
Maidenhead, Berkshire SL6 0AA United Kingdom
T +44 1628 789646
info@syntaxuk.com
www.syntaxuk.com

Tihany Design
New York:
135 West 27th Street, 9th Floor
New York, NY 10001, USA
T +1 212 366 5544
Rome:
Via di Villa Emiliani, 21, int. 3
Rome 00197, Italy
T +39 06 4542 3490
mail@tihanydesign.com
www.tihanydesign.com

VA Arkitektar
Skólavör_ustígur 12,
Reykjavík 101, Iceland
T +354 530 6990
vaarkitektar@vaarkitektar.is
www.vaarkitektar.is